¡ARRIBA! 1

Teacher's Guide

**RACHEL AUCOTT · ANA KOLKOWSKA
LIBBY MITCHELL**

Heinemann Educational Publishers
Halley Court, Jordan Hill, Oxford OX2 8EJ
Part of Harcourt Education Ltd.

Heinemann is the registered trademark of Harcourt Education Ltd.

© Rachel Aucott, Ana Kolkowska and Libby Mitchell 1995

First published 1995

12 11 10 9 8
07 06 05 04

A catalogue record is available for this book from the British Library on request

ISBN 0 435 39016 3

Produced by **Gecko Ltd**

Cover photograph by **Tony Stone (Worldwide)**

Printed in the UK by Athenæum Press Ltd

Tel: 01865 888058 www.heinemann.co.uk

Contents

	page
Introduction	4
National Curriculum Coverage	
Summary grid	10
Topics related to Areas of Experience	11
Teaching Guide	
Tema 1: ¡Hola!	12
Tema 2: Al colegio	37
Tema 3: En casa	59
Tema 4: El tiempo libre	81
Tema 5: ¡Qué rico!	105
Tema 6: De fiesta	128
Spanish in the classroom	148

Introduction

¡Arriba! 1 is the first part of a four-part National Curriculum Spanish course. Differentiation is the key word in its conception, making it suitable for pupils of a wide ability range. It also fully supports the teacher in assessing pupils' progress. The course has a communicative and active approach. Pupils learn to communicate through being given a range of tasks with a real purpose. The contemporary culture of Spain and Latin America is featured as an integral part of the presentation.

In ¡Arriba! 1 the emphasis is on the self and on language associated with personal relationships. Throughout the course these strands are developed and widened to include language associated with the pupil's relationship with the outside world.

A spiral of revision and extension through each book and through the whole course develops pupils' ability to transfer language from one context to another and to adapt the language patterns they have learnt.

The components

¡Arriba! 1 consists of:

Pupil's Book
Workbook (also available as Workbook Masters)
Cassettes
Flashcards
Resource and Assessment File
Teacher's Guide

Pupil's Book

The Pupil's Book consists of six theme-based chapters or *temas*, which are subdivided into double-page units.

Halfway through each *tema* there is a *Mini test* for quick self-assessment on material covered up to that point. At the end of each *tema* there is a checklist of key functions and structures (*Resumen*). This is followed by a *Prepárate* page, which is a practice test. By working through the *Prepárate* pupils will be well prepared for the end-of-*tema* test (*Prueba*) in the Resource and Assessment File.

At the back of the Pupil's Book there is a grammar summary, a comprehensive Spanish-English wordlist and a shorter English-Spanish wordlist.

Workbook

The workbook (*Cuaderno*) provides self-access material consisting predominantly of reading and writing tasks, which are designed to be fun. The workbook is ideal for homework.

There is a page of activities for each two-page unit in the Pupil's Book. There is also a revision page for use at the end of each *tema*. The workbook ends with a certificate to give pupils the feeling of ownership of the language they have learnt.

Cassettes

There are three cassettes for ¡Arriba! 1. The cassettes contain the core listening material for both presentation and practice. The material includes dialogues, interviews, radio items, songs and poems. The cassettes also contain reinforcement and extension listening activities for use with worksheets from the Resource and Assessment File.

Flashcards

There are 48 double-sided flashcards for presentation or practice of language. The cards are clearly numbered and a complete list is given on pages 7–8.

Resource and Assessment File

The Resource and Assessment File contains the following photocopiable resources:

Reinforcement and Extension Worksheets
These support the material in the Pupil's Book and provide differentiated practice in all four skills:

Listening: grids to provide support for the tasks

Reading: authentic extracts from magazines, jig-saw reading, board games, reading for gist and reading for detail

Speaking: card games, board games, information-gap tasks and surveys

Writing: gap-filling tasks, letters, labelling and form-filling.

The extension worksheets include those which specifically focus on grammar practice.

And for assessment:

Resúmenes
Checklists of 'I can' statements for revision and self/peer assessment.

Pruebas
End-of-*tema* tests providing opportunities for periodic assessment.

Profile sheet
For pupil and teacher to build up a record of the year's work.

Teacher's Guide

The Teacher's Guide contains:

- comprehensive National Curriculum mapping
- clear teaching notes and full tape transcript
- guidance on using the materials with your least and most able pupils
- suggestions for additional practice
- guidance on assessment
- suggestions for incorporating IT
- help with using Spanish in the classroom.

Using ¡Arriba! 1 with the full ability range

After initial teacher-led presentation work, pupils move on to a range of individual, pair and group activities which allow them to work at different paces and to different levels. The activities in the Pupil's Book are supplemented by those in the Workbook. Further differentiation is provided through a range of worksheets at reinforcement and extension levels. For ease of use these optional worksheet activities have been integrated into the teaching sequence and are clearly flagged in the Teacher's Guide.

For those pupils who are ready to focus on the underlying structure of the language they have been using, grammar worksheets are provided. These sheets can be used at any appropriate point. They are particularly suitable for higher ability learners, but it is assumed that most pupils will be able to attempt at least some of them during the year.

Progression

There is a clear progression within each *tema* of the Pupil's Book and language is constantly recycled through all *temas* in a systematic spiral of revision and extension. This spiral means that progression does not depend on the completion of all material. This gives teachers the flexibility to build the programme of work which is appropriate for different ability groups.

Assessment

Revision and self-assessment

¡Arriba! encourages learners to revise and check their own progress regularly. Mid-way through each tema is a *Mini test* in the form of a checklist focusing on recently covered work. Pupils can work in pairs, revising for the test and then testing each other. At the end of each *tema* is a *Resumen* – a checklist of key language covered. There is a photocopiable version of the *Resumen* in the Resource and Assessment File with boxes for pupils and friend/teacher to initial.

Teacher assessment

The assessment scheme consists of ongoing assessment as well as more formal periodic assessment. The scheme in *¡Arriba! 1* focuses on levels 1 to 4 in the four National Curriculum Attainment Targets. A few level 5 activities are also included.

Continuous assessment

All activities have been matched against National Curriculum levels to assist teachers in carrying out continuous assessment. It must be stressed that performance in an individual activity can only contribute towards a pupil achieving that level. Pupils must successfully carry out a range of activities at a particular level in order for the level to be awarded.

Periodic assessment

The end-of-*tema* tests (*Pruebas*) provide a more formal means of assessment. The *Prepárate* section in the Pupil's Book provides activities which will help pupils to prepare for the test. The *Prueba* itself is in the Resource and Assessment File. The tests cover all four skills and can be used with pupils of all abilities. Differentiation is partly through task and partly through outcome. Each task is matched to a National Curriculum level. Mark schemes are provided.

Record keeping

There is a profile sheet in the Resource and Assessment File on which pupil and teacher can build up a record of the year's work.

The teaching sequence

Presentation

New language can be presented using the cassettes, ensuring that pupils have authentic pronunciation models. To set the new language in a purposeful context, pupils usually engage in a simple matching activity. The solution to the activity is often presented on cassette. Pupils listen and check their answers, and so exposure to the new language is reinforced. Opportunities are also given for pupils to try out the new language before practising specific structures and vocabulary. This means that pupils with access to listening equipment can sometimes work on their own. This method of presenting new language also supports the non-specialist teacher.

The range of other resources in ¡Arriba! 1 enables the teacher to vary the way new language is presented.

Flashcards: a list of cards provided is given on pages 7–8.

Game cards: The Resource and Assessment File contains several sets of picture cards. These can be copied onto an overhead transparency and used for presentation work.

Practice

Pupils move on to a variety of activities in which they practise the language, usually in pairs or groups. Many of the practice activities are open-ended, allowing pupils to work at their own pace and level. Ideas for additional practice are given in the teaching notes for each unit.

Reinforcement and extension

The units often end with a more extended activity of an open-ended nature. Pupils of all abilities can work on the same basic task and the teacher has an opportunity to work with individuals or small groups.

To cope with the range of ability in a class, reinforcement and extension worksheets are provided, as described above.

Grammar

The key structures being used in a unit are presented in a grid on the Pupil's Book page, providing support for speaking and writing activities. A summary of the key structures of the whole *tema* is given in the *Resumen* at the end of the *tema*. Key grammar points are highlighted in *Gramática* boxes on the page and there is a summary of grammar points at the back of the Pupil's Book. In addition there are worksheets which specifically focus on grammar in the Resource and Assessment File.

Incorporating IT

Many of the activities in ¡Arriba! 1 can be enhanced by the use of IT. Suggestions have been made in the teaching notes. There is also a list of useful software at the end of this introduction (page 5).

Using the target language in the classroom

Instructions in the Pupil's Book are in Spanish, although they are translated into English the first time they appear. Classroom language is introduced right from the start in the Pupil's Book. The language the pupils need is presented in cartoon format in the *En Clase* sections in the first *tema*. The Teacher's Guide gives some suggestions indicating ways in which the teacher can approach the content of the lesson in the target language. On the last page of this book there is a list of language that both the teacher and the pupils may find useful.

Some suggestions for using the target language in the classroom:

- do not accept English
- ask pupils to report back on who is not carrying out a task in Spanish
- accept inaccuracies and half phrases as attempts to communicate
- display notices with relevant classroom language around the room
- ask a pupil to interpret
- encourage pupils to ask the meaning of words in Spanish

- use non-verbal communication
- talk in Spanish beyond the confines of the activities:
  - ask pupils friendly questions
  - praise pupils
- use familiar props
- use clear visuals such as the flashcards
- use cognates (words which in both Spanish and English have the same root e.g. *necesitar*)
- rephrase when necessary
- habitually use the same selected classroom language.

Flashcards

The following flashcards are provided:

1. voy a pie
2. voy en autobús
3. voy en tren
4. voy en bicicleta
5. voy en moto
6. voy en avión
7. voy en coche
8. voy en metro
9. voy en barco
10. la historia
11. las ciencias
12. la geografía
13. la educación física
14. el diseño/la tecnología
15. la informática
16. la sociología
17. la religión
18. la música
19. el español
20. el inglés
21. el comercio
22. el dibujo
23. las matemáticas
24. el teatro
25. el árbol familiar/la familia
26. (tengo) el pelo largo/liso/negro
27. (tengo) el pelo corto/rizado/rubio
28. (soy) alto/bajo
29. (soy) gordo/delgado
30. grande/pequeño
31. un gato/un ratón
32. un pez
33. un hámster/un pájaro
34. un conejo
35. un caballo
36. un piso
37. una casa
38. una finca
39. una caravana
40. una casa cerca del mar
41. el tenis
42. la natación
43. el atletismo
44. el fútbol
45. la gimnasia
46. el baloncesto
47. el ciclismo
48. el hockey
49. el judo/el kárate
50. el tenis de mesa
51. la equitación
52. el rugby
53. juego con los videojuegos
54. toco el piano
55. juego con mi ordenador
56. voy al cine
57. voy de compras
58. leo
59. escucho música
60. salgo con mis amigos
61. veo la televisión
62. voy al polideportivo
63. los dibujos animados
64. las series policíacas
65. las noticias
66. los programas de deportes
67. las comedias
68. las telenovelas
69. los concursos
70. una hamburguesa/una limonada
71. un helado/un vaso de agua
72. una pizza/una Coca Cola
73. una naranjada/un batido
74. una tortilla española
75. unas patatas fritas
76. una ensalada
77. un bocadillo de jamón
78. un bocadillo de queso
79. un bocadillo de chorizo
80. un café solo/un café con leche
81. tengo sed/tengo hambre
82. el desayuno: café, jugo, pan, mermelada
83. la comida: sopa, filete, patatas fritas, ensalada, fruta
84. la merienda: yogur, bocadillo, vaso de leche
85. la cena: tortilla, verduras
86. los cereales
87. el pescado
88. el pollo
89. el té
90. un melón/un plátano
91. unas uvas/un melocotón

92 una naranja/una fresa
93 unas botas, una chaqueta, un gorro, una camiseta, un chaleco, unos vaqueros
94 unos zapatos, unas medias, una falda, un jersey, una camiseta, una corbata
95 unos calcetines, un vestido, una malla, unas zapatillas deportivas
96 unos pantalones largos/unos pantalones cortos

Symbols used in the teaching notes

- **H** worksheet material (*hoja de trabajo*)
- extension material/suggestion for extending an activity for the more able
- reinforcement material/suggestion for simplifying an activity for the less able
- **C** workbook material (*cuaderno*)
- material on cassette

IT reference list

Here is a list of Spanish software:

Adventure Holiday/Spanish Holiday
Encourages reading through the medium of an adventure story.

La Vuelta
Spanish quizzes. There are 150 different questions in each program.

Six Spanish Games and Six More Spanish Games
Fun games which cover some of the topics in ¡Arriba!
(BBC/Archimedes/IBM/Nimbus)

Vocab
Generates six different word game activities. (BBC/Nimbus)

Matchmaster
An authoring program for multi-activity pair-matching programs. (BBC/Nimbus)

Gapmaster
An authoring program of up to 100 lines. The teacher can specify elements to be gapped out. (BBC/Master/IBM)

Hyperglot Word Torture
Practises vocabulary. (IBM/Macintosh/Nimbus)

Hyperglot Pronunciation Tutors
Practises vocabulary. (IBM/Macintosh/Nimbus)

Hyperglot Verb Tutor with Sound
Practises verbs. (Macintosh)

Ensouleiado, Old Brackenlands, Wigton, Cumbria CA7 9LA
Tel: 01697 342224

AVP Computing, School Hill Centre, Chepstow, Monmouthshire NP6 5PH
Tel: 01291 625439

Wida Software, 2 Nicholas Gardens, London W5 5HY
Tel: 0181 567 6941

Guildsoft, The Software Centre, East Way, Lee Mill Industrial Estate, Ivybridge, Devon PL21 9PE
Tel: 01752 895100

INTRODUCTION

Here is a list of other useful software:

The Complete Wordsearch
Consists of a 20 × 20 letter grid.
(BBC/Archimedes/Master)

Crossword Designer
Two general purpose programs.
(BBC/Master)

AVP Computing, School Hill Centre,
Chepstow, Monmouthshire NP6 5PH
Tel: 01291 625439

Developing Tray
A text disclosure program. Develops reading and interpretation skills.
(Nimbus)

Front Page Europe
A modern language version of Front Page Extra. (BBC/Master)

Newman Software, Newman College,
Genners Lane, Bartley Green,
Birmingham, West Midlands B32 3NT
Tel: 0121 4761181

Find
Information handling: features here include the facility to print out blank data-collection forms, data entry by multiple choice 'presets' and graphing.
(BBC/Nimbus)

NCET, Unit 6, Sir William Lyons Road,
Science Park, Warwick University,
Coventry, West Midlands CV4 7EZ
Tel: 01203 416994

Fun with Texts
An authoring program. Allows you to write short texts which can be manipulated in seven different ways by the learner e.g. text disclosure, unscrambling lines of text, predicting the next word in a sequence.
(BBC/Nimbus/Archimedes/IBM)

CAMSOFT, 10 Wheatfield Close,
Maidenhead, Berkshire SL6 3PS
Tel: 01628 825206

Useful addresses

Centre for Information on Language Teaching and Research (CILT), 20 Bedfordbury, London WCN 4LB. Tel: 0171 379 5101

National Council for Educational Technology (NCET), Science Park, Coventry, CV4 7EZ

Consejería de Educación, 20 Peel Street, London W8 7PD. Tel: 0171 727 2462

Association for Language Learning (ALL), 150 Railway Terrace, Rugby, Warwickshire CV21 3HN
Tel: 01788 546443

Central Bureau for Educational Visits and Exchanges, 10 Spring Gardens, London SW1A 2BN.
Tel: 0171 389 4736

The International Pen Friend Service, 10015 Ivrea, Italy

National Curriculum Coverage

Summary

	AT1	AT2	AT3	AT4	Programme of Study Part I	Programme of Study Part II (Areas of Experience)
Tema 1: ¡Hola! Spanish-speaking world Classroom language Greetings Personal information (name, age, town) Numbers 1–50 Nationalities/countries/capitals Dates/birthdays	1–3	1–3	1–3	1–3	1b,c,e,h,j 2a,b,c,d,e,f,k,n 3a,b,f 4c,d	A,B,C,E
Tema 2: Al colegio Modes of transport School subjects Likes/dislikes Time Days of the week Classroom items Asking permission/help Describing school	(1)* 2–4	1–3	(1) 2–4	1–3	1a,e,g,i 2c,d,e,f,h,o 3a,e,f,g,h 4c,e	A,B,C
Tema 3: En casa Family Describing people Pets Exotic animals Where people live/describing area Describing house	2–4	2–4	1–4	1–4	1a,c,g,h,i,j 2a,d,e,g,i,j,l 4d	B,C
Tema 4: El tiempo libre Sports Free-time activities TV programmes Inviting someone out/meeting someone Films Music	(1) 2–4	2–4	2–4	(1) 2–4	1d,f,g,h,j,k 2f,g,h,i,j,l 3d,e,i 4a	B,E
Tema 5: ¡Qué rico! Food and drink Ordering food in a café Numbers 100–5000 Parts of body/illness Meal times Daily routine	2–4	2–4	2–4 (5)	(1) 2–3	1a 2a,b,d,h,i,j 3b,c,d,e,f,g,i 4c	A,B
Tema 6: De fiesta Clothes School uniform Shopping for clothes/sizes Asking someone to dance Spanish fiestas Places in Spain	(1) 2–4	(1) 2–4	(1,2) 3–4	(1)2–4(5)	1c,d,h,i,k 2a,b,e,g,i,j,l 3b,c,e,g,i	A,B,C,E

* Levels in brackets are extra levels covered in the Resource and Assessment File.

Topics related to Areas of Experience

Area A: Everyday activities
Greetings Tema 1: Unit 2
Classroom language Tema 1: Units 2–3, Tema 2: Unit 4
School Tema 2: Units 2, 3, 4, 6, 7, Tema 6: Unit 3
Food and drink Tema 5: Units 1–4, 6–8
Healthy eating Tema 5: Unit 7
Daily routine Tema 5: Unit 6
Illness/injury Tema 5: Unit 5
Clothes/shopping for clothes Tema 6: Units 1–5

Area B: Personal and social life
Personal information Tema 1: Units 3, 5, 6, Tema 2: Unit 7
Family Tema 3: Unit 1
Describing people Tema 3: Units 2–3, Tema 6: Unit 6
Pets Tema 3: Unit 4
Free-time activities Tema 4: Units 1–5, 7–8
Arranging to meet Tema 4: Unit 6
Eating out Tema 5: Units 2–4
Special occasions Tema 2: Unit 8, Tema 6: Units 2 & 8
Asking permission/help Tema 2: Unit 5

Area C: The world around us
Spanish-speaking world Tema 1: Unit 1, Tema 3: Unit 6, Tema 6: Unit 8
Places in a town Tema 1: Unit 5
Countries/capital cities/nationalities Tema 1: Units 6–7, Tema 6: Unit 3
Transport Tema 2: Unit 1
Exotic animals Tema 3: Unit 5
Types of housing Tema 3: Unit 6
Describing house and rooms Tema 3: Unit 7
Types of area Tema 3: Unit 8

Area E: The international world
Spanish culture Tema 1: Unit 1
Music in Spanish-speaking world Tema 4: Unit 8
Spanish fiestas/life in Spain Tema 6: Unit 8

Tema 1: ¡Hola! (Pupil's Book pages 4–21)

Unidad	Main topics and functions	Programme of Study Part I	Programme of Study Part II	Grammar
¡Bienvenidos! (pp. 4–5)	To show where Spanish is spoken To show different cultural aspects and to give a feel of the variety of Spanish culture	4c, 4d	C, E	
¿Qué tal? (pp. 6–7)	Greetings Classroom commands	2b, 2d	A	Buenos días, ¿qué tal? Hola, ¿qué tal? Fenomenal, ¿y tú? Regular/bien/mal/fatal
¿Cómo te llamas? (pp. 8–9)	Saying your name and asking others theirs The alphabet More classroom commands	1b, 2k, 3a	A	¿Cómo te llamas? Me llamo ... ¿Cómo se llama? Se llama ... ¿Cómo se escribe?
Los números (pp. 10–11)	Numbers 1–50	1c, 1e, 1h	A	
¿Cuántos años tienes? (pp. 12–13)	Asking how old someone is Saying how old you are Names of places	1b, 2a, 2c, 3b	B, C	¿Cuántos años tienes? Tengo ... años, ¿y tú?
¿Dónde vives? (pp. 14–15)	Asking someone where he/she lives Saying where you live Nationalities Names of countries	2e, 3f	B, C	Present tense verbs: vivir, tener (1st, 2nd person) ¿Dónde vives? Vivo en ... ¿De dónde eres? Soy de ... ¿De qué nacionalidad eres? Soy ...
Tengo amigos de muchas nacionalidades (pp. 16–17)	Saying your name, where you live, what nationality you are Countries and their capitals	1j, 2k, 2n	C	Me llamo ... Vivo en ... Soy ... Soy de ...
Los meses (pp. 18–19)	Months Giving your birthday	2a, 2f	A, B	¿Cuándo es tu cumpleaños?
Resumen (p. 20)	Revision			
Prepárate (p. 21)	Revision (practice test)			

¡HOLA!

 ¡Bienvenidos! (Pupil's Book pages 4–5)

Main topics and objectives
- Showing where Spanish is spoken
- Showing where Spanish is the official first language, a heritage language or an unofficial language

Other aims
- Showing the different cultural aspects of the Spanish-speaking world and giving a feel of the richness and variety of Hispanic culture
- Showing the range of racial mixes in both Spain and Latin America

Vocabulary
hola
buenos días
adiós
hasta luego
hasta la vista

el señor
la señora
la señorita

Resources
Cuaderno page 1

Getting started

- Give the classroom a Spanish feel. Use posters, displays, music.

  Here are some suggestions:
  - map of the world, showing both Spain and Latin America
  - pictures and slides
  - music (Flamenco, Andean, Salsa, Merengue, Cumbia)
  - clothes, food, packaging, fans, castanets, dolls (showing local costume), pottery

  To introduce the music say: *es la música Salsa/Flamenca/Merengue*.

- Greet the pupils with: *Buenos días*. Once they are settled teach them how to reply: *Buenos días, señor/señora/señorita*.
  Practise this with the class.

  You could show the difference between *señor/a*, *señorita* by greeting members of the class of different sexes and addressing them appropriately. Ask pupils to use the different titles by using photos from magazines.

  At the end of the lesson leave enough time to teach them: *Adiós/Hasta luego/Hasta la vista*. (This last one is a good one to use as many pupils will have seen the film 'Terminator'. Do not be surprised if the response is ¡*Hasta la vista, baby*!)

- Brainstorm. Before asking pupils to look at their books, find out what they already know about the Spanish-speaking countries (basing your questions on pages 4–5).

  'Who has been to a Spanish-speaking country or place?' Some pupils may have been on holiday to North America and noticed people speaking Spanish. In Florida and Miami there are many Spanish speakers.

  'Does anyone know any Spanish words?' Pupils will be surprised at how many words they already know from holidays abroad and TV programmes. These are some of the ones they may be familiar with:

  - places: *Santa Fe, Los Angeles, San Francisco, Amarillo, El Dorado*
  - food: *tortilla, cerveza, vino, paella, helado, café*
  - other: *plaza, rodeo, playa, sombrero, autobús, taxi, bar, piscina*
  - famous quotes: ¡*Hasta la vista, baby! Vamos, amigos. ¡Arriba! ¡Arriba! Viva España. Una paloma blanca. ¿Qué?*

  Note these words on the board.

  You could also point out words in English which come from Spanish:

  ranch – *rancho*, barbecue – *barbacoa*; potatoes – *patatas*; chocolate – *chocolate* (originally from an Aztec word); Coke – *coca*.

- When you are ready to use the *Pupil's Book*, explain the colour key at the bottom of page 5. Indicate where Spanish is an official, unofficial or heritage language.
- Ask pupils to write down what they find interesting/surprising about the map and discuss this. Point out that from Spain, a relatively small country, the language and cultural influence has spread to a large part of the world. Can they say why this is?

Spanish discovery of the Americas

In the fifteenth century people thought the world was flat. Portugal and Spain were great trading and sea-faring nations; they were keen to open new and profitable routes to trade for Eastern spices, jewels and silks.

In 1492 the King and Queen of Spain agreed to finance a voyage to find a western route to India. Christopher Columbus (an Italian, living in Portugal) believed that the world was round. After 33 days without sight of land, the three small boats under his command (*Niña*, *Pinta* and *Santa María*) landed near the strait of Florida on the island of Guanahani. Columbus threw himself to the ground thanking God for his safe delivery to the gateway to the Far East. At Cuba he took possession of Santo Domingo before returning to Spain. Columbus had failed to find a western passage to the Indies but had discovered the New World.

A second expedition in 1493–96 completed the discovery of the West Indies. A third, in 1498–1500, explored the South American mainland. Two years after his last voyage Columbus returned to Spain and died a sad and discouraged man. Many explorers followed; Amerigo Vespucci was the first person to recognize the newly discovererd lands as a separate continent. The Americas were named after him. The Spanish *conquistadores* were also explorers of the New World. They took back to Spain coffee, potatoes, chocolate and gold.

The *conquistadores* came across the great Mayan, Aztec and Inca peoples. These peoples had highly-structured, well-organized and wealthy societies; they used gold kitchen utensils and gilded the walls of their houses. Because of their limitless riches the native Mayan, Aztec and Inca cultures were to be virtually destroyed. For the Europeans, gold represented power. These were violent times: many natives were massacred, some preferred mass suicide to submission. Moreover, because they had no resistance to the diseases introduced by the Europeans, many native tribes were decimated by illnesses such as the common cold, measles and influenza. Ultimately, all were defeated. The gold was collected and shipped back to Spain, the rich convoys providing attractive targets for English pirates. The imposition of an Imperial government and the conversion of the indigenous populations to Christianity were related and parallel aims; militarily, commercially, religiously and culturally dominant, the Old World was victorious.

Heritage language: Philippines

Under Spanish patronage the Portuguese sailor Ferdinand Magellan discovered a dangerous new route to India around the Cape of Africa. He sailed around Patagonia (the tip of South America) and across the Pacific Ocean (so named because Ferdinand said it was a 'calm ocean'), discovering the Strait of Magellan – a sea-passage named after him. In 1519, after two years at sea, he finally landed at the Philippine Mariana islands. It had been a very difficult voyage; many sailors died and several times there was near mutiny. A month after landing in the Marianas, he was murdered. This was the first voyage round the world and it finally proved that the world was round.

In the Philippines, though rarely spoken, Spanish is an important and influential heritage language. English is the official language and the native (Pacific) languages are widely and commonly spoken.

Unofficial language

In 1821 Mexico gained independence from Spain, and quickly became the target of American expansion. California and Texas became American and although English is now the official language there, Spanish is still the language most widely used.

Many Cubans and Puerto Ricans fled from the hardship of revolution and dictatorship to the USA. There are now large Spanish-speaking communities.

Official language

After the Spanish Civil War (1933–36), the other languages of Spain were officially suppressed. Castillian Spanish (*castellano*) became the only one permitted under General Franco. Nowadays, Catalan, Basque, Galician and others are official languages.

Spanish is now the official language in most of Latin America.

Ask pupils to find the country with the greatest number of Spanish speakers.
Answer: Mexico (Spain is second)

Activities

Pairwork. Ask pupils to work out what a heritage language is.

Los deberes

Ask pupils to find and draw something Spanish and label it. Or they could make a collage of pictures of Spanish things.

For example: wine bottle labels
olive oil bottle
Spanish menu
bananas (Canary islands)
travel brochure
dolls
souvenirs
wine
leather goods: shoes, belts, bags

Ask pupils to tell someone about what they have learnt during their first lesson.

Ask pupils to find out about a Spanish-speaking country. They could draw a map and stick on pictures (from travel brochures) or write a brief description. This work could be used for wall display.

C Cuaderno page 1

1 *Busca estos países de habla española en la sopa de letras. (AT3/1)*

Pupils look for the countries in the wordsearch.

2 *Hay un país en la sopa que no está en la lista. ¿Cuál es? (AT3/1)*

Pupils look for the country which is in the wordsearch but is missing from the list.

Answer: México

2 ¿Qué tal? *(Pupil's Book pages 6–7)*

Main topics and objectives
- Greeting and taking leave of someone using the appropriate time of day
- Asking how someone is

Other aims
- Learning classroom commands

Vocabulary
la cinta
la lista

Structures

Questions
Buenos días, ¿qué tal?
Hola, ¿qué tal?
Buenas tardes, ¿qué tal?
Buenas noches, ¿qué tal?

Answers
¡Fenomenal! ¿Y tú?
Muy bien.
Bien.
Regular.
Mal.
Muy mal.
Terrible.
Fatal.

Resources
Cassette A side A
Cuaderno page 2
Hojas de trabajo   1
                   2

1a *Escucha la cinta. (AT1/2)*

Listening. Pupils listen to a marathon runner asking how the other runners feel during the course of a race.

Reading. Ask the pupils to turn to page 6 of their *Pupil's Book* and follow the conversation a second time.

– Buenos días, ¿qué tal?
– Muy bien, ¿y tú?
– ¡Fenomenal!

– Hola, ¿qué tal?
– Regular, ¿y tú?
– Bien, bien.

– Buenas tardes, ¿qué tal?
– Terrible. Mal, muy mal.
– Adiós.

– Hasta luego.

– Hasta la vista.

– Buenas noches, hasta mañana.

2a *Escucha la cinta y escribe el orden correcto de los dibujos. (AT1/2)*

Listening. Pupils listen to the tape and match the pictures (A–F) to the phrases heard. Ask them to write down the order in which they hear the phrases.

Escuchad la cinta. Escribid el orden de las frases.

Answers: 1B 2A 3E 4F 5D 6C

1 – Hola, Marisa, ¿qué tal?
  – Muy bien, ¿y tú?
    ¡Fenomenal!

2 – Buenas noches.
  – Hasta mañana.
  – Hasta luego.

3 – Buenas tardes, Señora Redondo. ¿Qué tal?
  – Muy bien, gracias.

4 – Buenos días, Señor Miranda. ¿Qué tal?
  – Regular.

5 – Buenas noches, ¿qué tal?
  – Mal, muy mal.

6 – ¿Qué tal?
  – ¡Terrible!
  – ¡Hasta la vista!

2b *Lee la tira cómica con tu pareja. (AT3/2)*

Reading/Writing. Ask pupils to write down the classroom language and make a list in the back of their exercise books.

Escribid las frases en vuestros cuadernos.

(When using classroom commands at first you will need to use mime or to point to the item you are talking about; for example, the exercise book. Pupils will gradually learn these phrases.)

En Clase
You could practise the phrase *Voy a pasar la lista* by taking your own register.

Voy a pasar la lista. Contestad 'ausente' o 'presente'.

Socorro

Point out the difference between *buenos días* and *buenas tardes*, *buenas noches*, i.e. *día* is masculine, *tarde* and *noche* are feminine.

3a *Empareja los dibujos con las frases. (AT3/1)*

Reading. Pupils match up the letters (a–e) with the facial expressions (1–5).

Answers: **a** Bien = 3; **b** Muy bien = 4; **c** Regular = 2; **d** Mal = 5; **e** Terrible = 1

3b *Pregunta a tu clase. (AT2/1)*

Speaking. Pupils practise saying the expressions they have just learnt.

– ¡Hola!, ¿qué tal?   – Muy bien, gracias.

4a *Busca la frase en este laberinto. (AT3/2)*

Reading/Writing. To read the message the pupils have to find their way to the treasure. They start from the ship and follow the dotted line, writing down each letter.

Answer: Hola, ¿qué tal?

En Clase (AT3/2)

Ask pupils to work out what the teacher is saying:
sentaos por favor – sit down
mirad la página – look at page
escuchad la cinta – listen to the tape
levantaos por favor – stand up

¡HOLA!

Game
To practise classroom commands you could invent actions for each one and play *Simón dice* (Simon says).

H Hoja de trabajo 1

1 *Escucha la cinta. ¿En qué orden hablan las personas? (AT1/2)*

Listening. Pupils listen to the tape and write down the order in which the people speak.

Answers: 1C 2F 3E 4A 5D 6B

1 – Hola, ¿qué tal?
  – Mal, muy mal.

2 – Adiós, buenas noches.
  – Buenas noches.

3 – Buenos días, Alicia, ¿qué tal?
  – Terrible ...

4 – Buenas tardes, ¿qué tal?
  – Bien gracias, ¿y tú?
  – Bien, gracias.

5 – Buenas noches.
  – Hasta mañana.

6 – Hasta luego.
  – Hasta luego.

2 *Escucha la cinta. Rellena las caras con la expresión apropiada. Escribe lo que oyes en la cinta en los espacios en blanco. (AT1/2)*

Listening/Writing. As they listen, pupils draw in the appropriate expressions. Then they write the words underneath.

Ejemplo:
– Hola, ¿qué tal?
– ¡Fenomenal!

1 – Buenos días, ¿qué tal?.
  – Bien, bien ....

2 – ¿Qué tal?
  – ¡Terrible!

3 – Buenas tardes, ¿qué tal?
  – Mal, muy mal.

4 – Hola, ¿qué tal?
  – Muy bien, gracias.

5 – Buenos días, ¿qué tal?
  – Mal.

6 – Y tú, ¿qué tal?
  – Regular ...

H Hoja de trabajo 2

Trabaja con tu pareja. ¿Qué saludos faltan? Rellena los globos en blanco. (AT2/1)

Speaking/Writing. Pupils work in pairs and insert the appropriate phrases in the empty speech bubbles.

C Cuaderno page 2

1 *¿Qué dicen los amigos? Elige las frases de la lista y escríbelas en los globos apropiados. (AT3/2, AT4/2)*

Pupils choose the correct phrase from the box for each speech bubble and write it in.

Answers: – Hola, ¿qué tal?
  – Muy bien, gracias, ¿y tú?
  – Terrible ...
  – ¡Hasta la vista!

2a *Escribe las frases que faltan. (AT4/2)*

Pupils fill in the missing letters.

Answers: **1** Buenas noches
2 Buenas tardes **3** Buenos días

2b *Ahora, escribe el saludo apropiado para cada dibujo. (AT4/2)*

Pupils write the correct greeting under each drawing.

Answers: **1** Buenas noches **2** Buenos días
3 Buenas tardes

3 *¿Qué se dice: buenos días, buenas tardes o buenas noches? (AT4/2)*

Pupils write the appropriate greeting for each drawing.

Answers: **1** Buenas noches **2** Buenos días
3 Buenas tardes

3 ¿Cómo te llamas? (Pupil's Book pages 8–9)

Main topics and objectives

- Learning how to say your name and asking others theirs
- Asking how something is spelt
- Learning the alphabet

Other aims

- Learning more classroom commands

Structures

¿Cómo te llamas?
Me llamo...
Yo me llamo...
¿Cómo se escribe?
¿Cómo se llama?
Se llama...

Vocabulary

el cuaderno
los deberes
la entrevista
el libro
la pizarra

Resources

Cassette A Side A
Cuaderno page 6
Hojas de trabajo 3
                 4

---

1 Escucha la cinta. (AT1/1)

Listening. Pupils listen to teenagers asking and giving their names.

– ¿Cómo te llamas?
– Me llamo Javier, ¿y tú?
– Me llamo Teresa.

– Me llamo Simón García Menéndez. ¿Cómo te llamas tú?
– Me llamo Juan Carlos De Santos Romero.

– Me llamo Pilar, y tú?
– Yo me llamo Bernardo.

2 Pregunta a tu pareja. (AT2/1)

Speaking. Working in pairs, pupils take turns to ask and give their names.

¿Cómo te llamas? Me llamo... ¿y tú?

Ask the pupils to play the role of a famous person. One pupil asks the person next to him/her what that pupil's famous name is. The second pupil replies and asks a third pupil and so on round the class. Pupils note down the answers to find out which famous names are most popular.

Sois personas famosas. Preguntad a vuestros compañeros cómo se llaman. Escribid los nombres en un papel para ver quién es más famoso.

Point out the traditional use of the double-barrelled surname in Spanish-speaking countries: the father's followed by the mother's (women keep their first surname when they marry). Examples of this are Federico García Lorca, Juan Carlos de Santos Romero, Arantxa Sánchez Vicario.

3 Escucha la cinta. Pregunta a tu pareja cómo se llama cada persona. (AT1/1, AT2/1)

Listening/Speaking. Pupils listen to the tape to learn how to ask someone else's name.

Introduce them to the question ¿Cómo se llama? and the response Se llama...

Ask the pupils to practise these structures using the dialogues that accompany the drawings of Naomi Campbell, Linford Christie and Garfield. Next they should take it in turns to ask each other the names of the other people in the drawing.

To consolidate this point you could use additional photos from magazines, newspapers and posters.

Answers: Dracula; Elizabeth I; Robin Hood; Maid Marion

– ¿Cómo se llama?
– Se llama Naomi Campbell.
– ¿Cómo se llama?
– Se llama Linford Christie.
– ¿Cómo se llama?
– Se llama Garfield.

En Clase (AT3/2)

Before introducing the new commands, check that the pupils remember the previous ones. To do this you could take the register and then ask the pupils to stand up (*levantaos*) and then to sit down (*sentaos*).
Pasad por favor – come in
Mirad la pizarra – look at the blackboard
Abrid los libros – open your books

Ask: 'What is the teacher saying in the three pictures?'

4 *Escucha la canción. (AT1/1)*

Listening. Pupils listen to the alphabet song. Then play the tape again and ask them to join in, following the letters in the **Socorro** box to help them with the pronunciation.

Todos juntos, cantad con la cinta.

a b c ch d e f g h i j k l ll m n ñ o p q r rr s t u v w x y z

5 *Imagina que eres una persona famosa. ¿Cómo se escribe tu nombre? (AT2/1)*

Speaking. Each pupil imagines he/she is a famous person and spells his/her name.

Introduce this activity by spelling out names of famous people and letting the class guess them. Gradually allow individuals to take over. Finally ask pupils to work in pairs.

¿Quién es? C L E O P A T R A

6 *¿Cómo se escribe tu nombre? (AT2/1)*

Speaking. Introduce this activity by spelling out the name of a pupil in the class. Ask pupils to put up their hands when they recognize whose name is being spelt.

¿Quién es?

Encourage pupils to spell out their own names.

7a *Mira los dibujos de las personas famosas en la página 8. Prepara una entrevista con tu pareja. (AT2/2)*

Speaking. Pupils look at the drawings of famous people on page 8. They choose one with their partner and then make up an interview.

Use the interview with Arnie Schwarzenegger as preparation. It might also be useful to revise language learnt in **Unit 2 ¿Qué tal?** (pages 6–7).

7b *Escribe una entrevista con una persona famosa. (AT4/2–3)*

Writing. Here the pupils make up and write their own interview with a famous person.

En Clase (AT3/2)

Continue here as with the previous classroom command cartoons:
escribid en los cuadernos – write in your exercise books
los deberes – homework
repetid – repeat

H **Hoja de trabajo 3**

1 *Escucha la cinta. ¿Cómo se llaman estos jóvenes? Mira la lista de nombres y completa las frases. (AT1/1–2)*

Pupils listen to the tape and choose the appropriate name to complete the phrase under each drawing.

Answers: **1** Miguel **2** Aurora Pérez **3** Gregorio Sánchez **4** Juan Redondo Carrillo **5** Alicia **6** Marta

1 – Hola, me llamo Miguel.
2 – ¿Qué tal? Me llamo Aurora Pérez.
3 – Yo me llamo Gregorio Sánchez. ¿Y tú?
4 – Buenos días, me llamo Juan Redondo Carrillo.
5 – Me llamo Alicia.
6 – Me llamo Marta. ¡Hasta luego!

2 *Escucha la cinta y escribe los nombres de las personas que hablan. (AT1/1)*

Pupils listen to the tape and write the speaker's name under each number.

1 – ¿Cómo se escribe tu nombre?
   – L A U R A.

2 – ¿Cómo se escribe tu nombre?
   – J O R G E.

3 – ¿Cómo se escribe tu nombre?
   – J A V I E R.

4 – ¿Cómo se escribe tu nombre?
   – E S T R E L L A.

H **Hoja de trabajo 4**

Speaking (AT2/2).

Pupils work with a partner. Each partner has a drawing of the same 10 faces but only the first 5 faces are named for Pareja A and the second 5 faces for Pareja B. Pupils are to ask each other how to spell the names of their unnamed half of the people illustrated using the example question:

Número 6 ¿cómo se llama? ¿Cómo se escribe su nombre?

C **Cuaderno page 3**

1 *Contesta estas preguntas. (AT4/2–3)*

Writing. Pupils write answers to the questions.

2 *¿Cómo se llaman estas personas? Mira la lista y rellena los globos con los nombres apropiados. (AT4/2)*

Pupils write the correct name from the list in each speech bubble.

Answers: Linford Christie; Madonna; Naomi Campbell; Prince Charles

3 *Elige una persona y completa la entrevista. (AT4/2–3)*

Pupils choose one of the famous people from Activity 2 and complete the interview.

4 *Los números* (Pupil's Book pages 10–11)

Main topics and objectives

- Learning how to count from 1 to 10
- Learning how to count from 10 to 20
- Learning how to count from 20 to 40

Vocabulary

el dado
el disco
el número
numbers 1–40

Resources

Cassette A Side A
Cuaderno page 4
Hojas de trabajo 5
                  6

1 *Escucha la cinta. (AT1/1)*

Listening. Pupils listen to the two athletes doing 10 press-ups each as they are timed.

Escuchad a los dos atletas que están haciendo ejercicios.

– Uno, dos, tres, cuatro, cinco,...seis, siete, ocho, nueve ... diez. Bien, diez segundos.
– Uno, dos, tres, cuatro ... cinco, seis, siete ...ocho, nueve, diez. ¡Fantástico! ¡Siete segundos!

2 *Escucha la canción. (AT1/1)*

Listening. Pupils listen to the numbers 1–10 being sung.

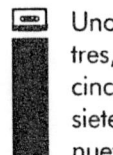

Uno, dos, tres,
tres, cuatro, cinco,
cinco, seis, siete,
siete, ocho, nueve,
nueve, diez.

¡HOLA!

3 *Escucha la cinta y suma los números. (AT1/1)*

Listening. Pupils listen to the tape and work out the sums.

Sumad los números.

Answers: **1** cinco **2** diez **3** nueve **4** diez **5** ocho **6** ocho **7** diez **8** siete **9** ocho **10** seis

1 ¿Tres más dos son?
2 ¿Siete más tres son?
3 ¿Ocho más uno son?
4 ¿Nueve más uno son?
5 ¿Seis más dos son?
6 ¿Siete más uno son?
7 ¿Cinco más cinco son?
8 ¿Cuatro más tres son?
9 ¿Seis más dos son?
10 ¿Cinco más uno son?

4 *Escucha la cinta. (AT1/1, AT2/1)*

Listening. Pupils listen to an aerobics instructor counting to her class as they exercise.

– Uno, dos, tres, cuatro, cinco, seis, siete, ocho, nueve, diez, once, doce, trece, catorce, quince, dieciséis, diecisiete, dieciocho, diecinueve, ¡veinte!

Speaking. Ask the pupils to repeat the numbers with the instructor. Encourage them to join in, using aerobic-type arm movements.

5a *Escucha al disc jockey. (AT1/1)*

Listening. Pupils listen to the disc jockey counting the numbers 20–30.

Escuchad al disc jockey. Vais a escuchar los números de 20 a 30.

– veinte, veintiuno, veintidós, veintitrés, veinticuatro, veinticinco, veintiséis, veintisiete, veintiocho, veintinueve, treinta

5b *Escucha al disc jockey y escribe el número de los discos. (AT1/3)*

Listening. Pupils listen to the disc jockey discussing selections from the hit parade. They write down the numbers of the six songs mentioned.

Escribid el número del disco.

– Hola, ¿qué tal? … de la lista de éxitos de esta semana … mis discos favoritos … el número veintinueve, Hold the Line de Toto; el veintidós de Wet Wet Wet, Goodnight Girl 94; el veintitrés, Practise What you Preach del magnífico Barry White; el número veinte, You Got Me Rocking de los veteranos, Rolling Stones; el número veintiocho, del maestro del soul Percy Sledge, You Got A Way With Love; y el número veintiséis es Space Cowboy de mi grupo favorito Jamiroquai. ¡Discos fabulosos!

Answers: 29; 22; 23; 20; 28; 26

Listening. Using the hit parade chart on page 10 call out a number and see who can give you the name of the record. Start off slowly and increase the pace. Include the numbers over 20 and see if the pupils can work them out.

¿Qué disco está en el número…?

6a *Escucha la cinta y mira los números. (AT1/1)*

Listening. Pupils listen to the numbers on the tape and look at them on the board game. Ask them them to say which numbers they are.

Escuchad los números. ¿Cuáles son?

– cinco, diez, quince, veinte, veinticinco, treinta, treinta y cinco, cuarenta

6b *Escucha la cinta. Sigue el juego. (AT1/4)*

Listening. Pupils listen to two teenagers playing the board game.

Vais a escuchar a dos chicos que juegan el juego.

Ask pupils to listen to the game to work out the rules.

¿Cuáles son las reglas del juego?

– ¿Jugamos?
– Bueno.
– Yo empiezo. Un dos. Uno, dos.
– Un cinco. ¡Desastre! Pierdo una tirada.
– Me toca a mí. Un cinco. El siete. Tiro otra vez. Uno. El ocho.
– Un seis. Uno, dos, tres, cuatro, cinco, seis. El once. Tiro otra vez. Un dos. El trece.

21

– Un dos. El diez. ¡Qué bien! Tiro otra vez.
Un cuatro. Uno, dos, tres y cuatro…El catorce…
Treinta y cinco, treinta y seis, treinta y siete, treinta y ocho, treinta y nueve,
¡cuarenta! ¡Yo gano!
– No, suma tus puntos. ¡Gano yo!
– ¿Qué?

6c *Juega el juego con tu pareja. (AT2/2–3)*

Speaking. Working in pairs or small groups, the pupils play the game.

Rules: When pupils land on a number that represents disaster (5, 15, 20, 25, 30) they miss a turn; when they land on a number that represents a lucky escape they can throw again (e.g. 1, 2, 3, 4, 6). Pupils must count the numbers in Spanish as they take the move. They then write down the numbers in numerals. The aim of the game is not just to get to safety, the winner must also have the lowest total.

> **Tirad el dado.**
> **Contad los números en español.**
> **Si caéis en un desastre perdéis vuestro turno.**
> **Escribid los números en un papel.**

Encourage the pupils to practise the following phrases as they play:
te toca – it's your turn
me toca a mí – it's my turn
tiro otra vez – I throw again
¡gano yo! – I win

Pupils practise these numbers using the 'American Army exercise chant'. There will need to be at least four in a group as you need two teams in each group. Team A starts and Team B repeats the numbers after Team A.

Example:

Team A	*uno, dos, tres, cuatro*
Team B	*uno, dos, tres, cuatro*
Team A	*cinco, seis, siete, ocho*
Team B	*cinco, seis, siete, ocho*
Team A	*nueve, diez*
Team B	*nueve, diez*
Team A	*once, doce*
Team B	*once, doce*

Number games
1. Ask for a volunteer to play the role of the teacher and call out sums.
2. Lotto/Bingo
3. *La lotería:* make up your own lottery and appeal to their gambling instincts.
4. Buzz: Pupils count up to 20. Each time they reach a multiple of 5 they must say 'buzz'. If they do not say 'buzz' they are out.

H **Hoja de trabajo 5**

1 *¿Cómo eres? Prepara este juego y juega con tu pareja. (AT2/2)*

Using the diagrams each pupil makes his/her own origami game. They then use the dialogue shown as an example of how to play the game and work together with a partner.

H **Hoja de trabajo 6**

Using the cards provided you can set up a game of bingo in the classroom. Each pupil is given a card and they must cross out any number that matches the numbers that you call. The first pupil to cross out all the numbers on his/her card is the winner and must shout 'bingo!'

C **Cuaderno page 4**

1 *Mira la clave y descifra lo que dice la chica. (AT3/2)*

Using the key in which each number represents a letter, pupils decipher the message and write it in.

Answer: Hola, ¿qué tal? Me llamo Laura.

2 *Suma los números de tu nombre. ¿Cómo es tu personalidad? (AT3/1)*

Using the key, pupils give a score to each letter in their names. They add the numbers up and look at the score to see what their personality is like.

¡HOLA!

 ¿Cuántos años tienes? (Pupil's Book pages 12–13)

Main topics and objectives
- Asking how old someone is
- Saying how old you are

Other aims
- Learning some names of places

Structures
¿Cuántos años tienes?
Tengo...años, ¿y tú?

Vocabulary
la máquina electrónica

el bar
el café/la cafetería
el cine
la disco
el jardín
el parque infantil
el parque de atracciones
el parque zoológico

Resources
Cassette A Side A
Cuaderno page 5

1 *Escucha la cinta. (AT1/2, AT3/2)*

Listening/Reading. Pupils listen to the people asking and giving their ages while following the text in their books.

Escuchad la cinta y seguid el texto en vuestros libros.

- ¿Cuántos años tienes?
- Tengo 18 años.
- ¿Cuántos años tienes?
- Tengo dos años.
- ¿Cuántos años tienes?
- Tengo 13 años, ¿y tú?
- Tengo 14 años.
- ¿Cuántos años tienes?
- Tengo 16 años.

2 *Pregunta a tu pareja. (AT2/1)*

Speaking. Working in pairs, pupils practise asking and giving their ages.

- ¿Cuántos años tienes?
- Tengo...años, ¿y tú?

First practise the two structures with the whole class, then ask the pupils to work in pairs.

Class activity (AT2/1)
Set a time limit (for example, 4 minutes) and let the pupils ask as many of their classmates as possible how old they are.

- ¿Cuántos años tienes?
- Tengo 13 años, ¿y tú?

3 *Escucha la cinta. ¿Cuántos años tienen los chicos? (AT1/3, AT3/3)*

Listening/Reading. Pupils listen to the tape and follow the cartoon strip in their books.

You could ask the pupils the following questions.

¿Por qué los chicos no pueden ir donde quieren?

¿Cuántos años tienen?

¿Cómo se dice 'No entrance to those over/under.......years'?

- Cine Castro. Terminator V. No recomendada para menores de 15 años.
- Máquinas electrónicas: prohibida la entrada a menores de 18 años.
- Bar Pelayo. No se sirve alcohol a menores de 16 años.
- Disco Escándalo. Prohibida la entrada a menores de 15 años.
- Parque de atracciones Menéndez. Prohibida a menores de 14 años sin ir acompañados de adultos.
- Parque infantil. Prohibida la entrada a mayores de 12 años.
- ¿Quién puede ser?
- ¡Hola!
- ¿Qué tal?
- ¡Buenas noches!
- ¿Qué pasa?

4 *Escribe un anuncio para un lugar. (AT4/1–2)*

Writing. Having first studied the signs in their books, pupils can write and illustrate their own signs for places, which should show the names and age limits.

First ask the class to work out what the signs mean. You could do this by putting written or oral questions to the class.

¿Qué es un 'jardín' en inglés?
Si vas a un bar ¿cuántos años hay que tener?

Encourage pupils to give ages in Spanish. To help less advanced pupils, write the age on the board in numerals.

Los deberes (AT4/1–2)

Pupils write and illustrate their own signs.

Information technology

Pupils use a desktop-publishing package to illustrate and label a poster or use a word processing package such as Write On to produce labels which they can then illustrate by hand.

Mini test (AT2/1–2)

This speaking test covers Units 1–5 of Tema 1.
- Ask somebody how he/she is
- Ask somebody what his/her name is and tell him/her what you are called
- Spell your name
- Count up to 20
- Ask and say how old you are

En Clase (AT3/2)

This presents further commands used in the classroom.

Señorita, no entiendo –
Miss, I don't understand
Señora, necesito un bolígrafo –
Miss, I need a pen
Señor, necesito ir a los servicios –
Sir, I need to go to the toilet

Display: classroom commands

Encourage pupils to use the classroom commands and phrases they have learnt so far to produce display work. They could make a wall chart or a mobile (if you have somewhere to hang it). You could even have a class rule 'once learnt it must be used'. Or you could prompt the pupils if they insist on asking for something in English.

Example: 'Miss, I need a pen.' You prompt with *En español, por favor.*

At first, using the target language will take time, but it is worth perservering. Being able to ask in real situations is a great motivator for pupils learning the language and it introduces a great deal of incidental vocabulary.

C **Cuaderno page 5**

1 *Mira el carnet de Enrique. Rellena el carnet de Pablo para el Polideportivo Miramar. (AT3/2, AT4/1–2)*

Writing. Pupils look at the speech bubble for Pablo and use the information to complete the membership card.

Answers: Pablo Durán; 14; Avenida 24 de julio no. 32, Bilbao

2 *Rellena el carnet con tus datos personales. (AT3/1)*

Writing. Pupils complete the membership card for the Club de Fotografía Flash with their own details.

3 *Mira las fechas de nacimiento de estas personas. ¿Cuántos años tienen? Completa las frases. (AT4/2)*

Writing. For each person, pupils write the correct age in the space.

¡HOLA!

 ¿Dónde vives? (Pupil's Book pages 14–15)

Main topics and objectives

- Asking someone where he/she lives
- Saying where you live
- Asking someone's nationality
- Giving your nationality

Other aims

- Learning names of countries in Spanish
- Revising ¿Cómo te llamas?
- Learning 1st and 2nd persons singular of *vivir* and *tener*
- Learning masculine/feminine of nationalities

Structures

¿Dónde vives?
Vivo en...
¿De qué nacionalidad eres?
Soy...
Soy mitad...mitad...
¿De dónde eres?
Soy de...

Resources

Cassette A Side A
Cuaderno page 6
Hoja de trabajo 7

---

1 *Escucha la cinta y lee las frases. (AT1/1)*

Listening. Pupils listen to six teenagers saying where they live.

Escuchad a los seis chicos que hablan del lugar donde viven.

Then ask pupils to locate those places on the map in **Unit 1 ¡Bienvenidos!** pages 4–5.

– ¡Hola! Me llamo Ana. Vivo en Perú.
– Me llamo David. Vivo en Cuba.
– Me llamo Luisa. Vivo en Guatemala.
– ¡Hola! ¿Qué tal? Me llamo Pablo. Vivo en España.
– Me llamo Claudia. Vivo en Argentina.
– ¡Hola! Me llamo Daniel. Vivo en Venezuela.

2 *Escucha la cinta y escribe los nombres en el orden en que hablan. (AT1/2)*

Pupils listen to the speakers and write down the name of each speaker in order.

Vais a escuchar la cinta. Tenéis que escribir los nombres de los chicos en el orden en que hablan.

Answers: **1** David **2** Claudia **3** Luisa **4** Daniel **5** Pablo **6** Ana

– Me llamo David. Vivo en Cuba.
– Me llamo Claudia. Vivo en Argentina.
– Me llamo Luisa. Vivo en Guatemala.
– ¡Hola! Me llamo Daniel. Vivo en Venezuela.
– ¡Hola! ¿Qué tal? Me llamo Pablo. Vivo en España.
– ¡Hola! Me llamo Ana. Vivo en Perú.

3 *Pregunta a tu pareja. (AT2/1)*

Speaking. Working in pairs, pupils practise ¿Dónde vives? Vivo en....

Gramática

(yo) vivo – I live	tengo – I have
(tú) vives – you live	tienes – you have

Explain to pupils that in Spanish **yo** and **tú** are not used very often because the verb endings tell you who is speaking or being spoken about. In English you need to use these identifying words before a verb because the verb endings do not change very often. This will become clearer when pupils learn more parts of verbs in the following *temas*. Now they should just remember that when you end a verb in **-o** you are talking about yourself; and that when you end a verb in **-es** you are talking about another person.

For those more able to cope with grammatical explanations point out that other verbs they have seen so far are:

me llamo	soy
te llamas	eres

Point out that **ser** is an irregular verb.

The grammar section on page 110 of the *Pupil's Book* provides a more complete examination of how Spanish verbs work.

4 *¿De qué nacionalidad eres? Escucha la cinta y elige la nacionalidad que oyes. (AT1/2)*

Listening. Pupils listen to six teenagers giving their nationality and select the correct nationality for each.

Vais a oír a seis personas que dan su nacionalidad. Para cada letra a–f tenéis que elegir la nacionalidad correcta.

First ask pupils to work out in English what the nationalities are.

Answer: **a** escocesa **b** jamaicana **c** irlandés **d** mitad irlandés y mitad inglés **e** galesa **f** bengalí

a – ¡Hola! ¿De qué nacionalidad eres?
– Soy escocesa.
b – ¿De qué nacionalidad eres?
– Soy jamaicana.
c – ¿De qué nacionalidad eres?
– Soy irlandés.
d – ¡Hola! ¿De qué nacionalidad eres?
– Soy mitad irlandés y mitad inglés.
e – ¡Hola! ¿Eres inglesa?
– No, soy galesa.
f – ¿De qué nacionalidad eres?
– Soy bengalí.

Gramática

This shows the masculine/feminine forms of nationalities.

Point out the general differences between the masculine and feminine forms for nationalities. If the word ends in ***a*** it is **feminine**; if it ends ***o*** or a **consonant** it is **masculine**; if it ends in ***e*** it is **masculine** or **feminine**. However, see if pupils can spot this difference before you point it out to them.

As well as saying their nationality: *Soy...*, pupils will learn how to say which country they come from: *Soy de...* .

Speaking. As a class activity ask each pupil to choose a nationality and a country different from their own. This is a good opportunity to do a class survey.

Practise the nationalities with the class:
¿De qué nacionalidad eres?
Pupil response: *Soy...*

Then practise countries with the class:
¿De dónde eres?
Pupil response: *Soy...*

Game. When pupils have practised answering these two questions, combine the two and speed up the pace. If a pupil gets the gender wrong or gives a different country to the nationality he/she has just given, that pupil is out.

5 *Pregunta a tu pareja. (AT2/2)*

Speaking. Pupils practise in pairs or in small groups.

– *¿De qué nacionalidad eres?*
– *Soy...*
– *¿De dónde eres?*
– *Soy de...*

6 *Escucha la cinta y luego trabaja con tu pareja. Haz pequeñas entrevistas con las personas de la lista. (AT1/2, AT2/2)*

Listening. Pupils listen to three famous people being interviewed.

Escuchad las tres entrevistas con las personas famosas.

Speaking. Working in pairs, pupils make up their own interview taking it in turns to be a famous person from the box at the bottom of page 15.

1 – ¡Hola! ¿Cómo te llamas?
– Me llamo, Gérard. Gérard Depardieu.
– ¿De qué nacionalidad eres?
– Soy francés.

2 – ¡Hola! ¿Cómo te llamas?
– ¡Hola! Me llamo Mariah Carey.
– ¿De qué nacionalidad eres?
– Soy estadounidense.

3 – ¡Hola! ¿Cómo te llamas?
– Me llamo Luciano Pavarotti.
– ¿Eres español?
– No, ¡qué va! ¡Soy italiano!

You could ask the pupils to record their interviews on a class tape. Later the class could listen to the tape together and choose the best ones.

¡HOLA!

H Hoja de trabajo 7

1 *Escucha la cinta. Rellena los espacios en blanco en los carnets. (AT1/3)*

Listening. Pupils listen to the tape and fill in the missing spaces on the membership cards.

Answers: **1** 772201, 15 **2** 421636, 13 **3** 14, 949645 **4** 12, no tengo teléfono

> 1 – Me llamo José María Sánchez Vicario. Tengo 15 años. Vivo en Turégano, Segovia, Paseo Real, 23. Mi número de teléfono es 772201.
> 2 – Me llamo Victoria Menéndez Sanz. Tengo 13 años. Mi dirección es av. San Juan de la Cruz, 95, Valladolid. Mi número de teléfono es 421636.
> 3 – Me llamo Raquel Gil. Tengo 14 años. Vivo en Barquillos en Blanes. Mi número de teléfono es 949645.
> 4 – Me llamo Pedro Serrano Guzmán. Tengo 12 años. Vivo en c/Fuencisla, 44, Torremolinos. No tengo teléfono.

2 *Mira los carnets de socio. Pregunta a tu pareja. (AT2/3)*

Speaking. Working in pairs, pupils take it in turns to play the role of one of the membership card holders and use the information on the cards to complete the speech bubbles.

C Cuaderno page 6

1 *Mira el país correcto de cada persona y luego completa las frases. (AT4/1–2)*

Reading/Writing. Pupils look at the table and use the information to complete the speech bubbles.

Answers: Laura, Escocia; Marcos, llamo/Gales; Gloria, Me llamo/Gales; Daniel, Vivo en Inglaterra; Alicia, Me/en Irlanda

2a *Elige el país de cada persona. (AT3/2)*

Reading. Pupils look at the sentences about the ten famous people and choose the correct country.

Answers: **1** Argentina **2** Alemania **3** Italia **4** Inglaterra **5** Estados Unidos **6** España **7** Inglaterra **8** Francia **9** Estados Unidos **10** Escocia

2b *Escribe la nacionalidad de cada persona. (AT4/1)*

Writing. Using the same sentences as in Activity 2a, pupils write the correct nationalities in the spaces.

Answers: **1** argentina **2** alemán **3** italiano **4** inglés **5** estadounidense **6** española **7** inglés **8** francesa **9** estadounidense **10** escocés

3 *Y tú, ¿dónde vives? ¿De qué nacionalidad eres? (AT4/2–3)*

Writing. Pupils write the country they live in and their nationality in the spaces after each question.

7 *Tengo amigos de muchas nacionalidades* (Pupil's Book pages 16–17)

Main topics and objectives
- Combining how to say your name, your nationality and where you live

Other aims
- Matching capital cities to their countries

Structures
Me llamo…
Soy/Soy de…
Vivo en…

Resources
Cassette A Side A
Cuaderno page 7
Hojas de trabajo 8
 9

1 *Escucha y lee. (AT1/2, AT3/2)*

Listening/Reading. Pupils listen to the six teenagers introducing themselves and follow the text on page 16 as they listen to the tape.

- ¡Hola! Me llamo Chanelle.
  Vivo en Birmingham. Soy caribeña.
  Tengo amigos de muchas nacionalidades.
- ¡Hola! Me llamo Sinead. Vivo en Birmingham. Soy irlandesa.
- ¡Hola! Me llamo Michael. Vivo en Wolverhampton. Soy jamaicano.
- Me llamo Kirsty. Vivo en Solihull. Soy inglesa.
- Me llamo Aadil. Soy paquistaní. Vivo en Birmingham.
- ¡Hola!, ¿qué tal? Me llamo Paul. Soy mitad inglés y mitad polaco.

2 *Preséntate a tu pareja o a la clase. (AT2/2–3)*

Speaking. Pupils introduce themselves to their partners. You could ask volunteers to introduce themselves to the class.

Hola, me llamo…
Vivo en… Soy…

Pupils pretend they are at a party in Spain and introduce themselves to one another. Ask them to make up different identities for themselves. This will create a good opportunity to explain the differences in the way Spanish and British people greet each other. For example, with family and friends the Spanish kiss one another on each cheek or slap each other on the back, but they shake hands with business aquaintances.

3 *Prepara un póster. Saca unas fotos de tus amigos. Escribe los nombres y las nacionalidades de cada persona en el póster. (AT4/2–3)*

Writing. Pupils make up a poster of themselves and their friends. Suggest that they take photos (or use old ones).

Pupils should put the text in speech bubbles and use the first person.

Information technology

Using a desktop-publishing package such as Front Page Extra, pupils can produce a page for a teenage news magazine introducing themselves to teenagers in Spain. The page could be part of an article about finding a pen pal.

4 *Corta y pega las fotos de tus personalidades favoritas en el póster. Escribe las nacionalidades de las personas. (AT4/2–3)*

Writing. Ask pupils to cut out pictures of their favourite personalities and make up a poster as for Activity 3. They should write the nationalities of the personalities.

¡HOLA!

5 *Emplea algunas palabras del círculo para escribir cinco frases o más. (AT4/2)*

Writing. Pupils write five phrases or more using the words in the Aztec circle. A correct answer could be: *Soy irlandés.*

Tenéis que utilizar las palabras del círculo para escribir cinco frases o más.

6 *Empareja los países y las capitales. (AT3/1)*

Reading. Pupils match up the capitals to their countries.

Answers:

Countries	Capitals
Francia	París
Italia	Roma
Estados Unidos	Washington
Grecia	Atenas
Dinamarca	Copenhague
España	Madrid
Suecia	Estocolmo
Rusia	Moscú
Japón	Tokio
Argentina	Buenos Aires
Portugal	Lisboa

[H] **Hoja de trabajo 8**

1 *Mira los anagramas y escribe las nacionalidades. (AT4/2)*

Reading/Writing. Pupils solve the anagrams and write down the nationalities.

Answers: inglés; galés; irlandés; escocés

2 *Escribe las nacionalidades correctas en el crucigrama. (AT4/1–2)*

Writing. Pupils complete the crossword.

Answers: Across: **1** alemana **3** escocés **6** francesa **8** inglés **9** polaco/a **10** irlandés
Down: **1** australiano/a **2** jamaicano/a **4** italiano/a **5** galés **7** española

[H] **Hoja de trabajo 9**

1 *Escucha la cinta y marca los países correctos. (AT1/2)*

Listening. Pupils listen to the tape and indicate the answers in the table.

Answers: Pablo, Estados Unidos; Teresa, España; Sergio, Francia; Isabel, Inglaterra; Alejandro, España

– Hola. Me llamo Pablo. Vivo en Nueva York en los Estados Unidos.
– Hola. ¿Qué tal? Me llamo Teresa. Vivo en España.
– Hola. Me llamo Sergio. Vivo en Francia.
– Me llamo Isabel. Soy española pero vivo en Londres, en Inglaterra.
– Hola. Me llamo Alejandro. Vivo en España.

2 *Escucha la cinta y empareja las frases correctamente. Mira el ejemplo. (AT1/2)*

Listening. Pupils listen to the tape and match the names to the nationalities.

Answers: Pablo, español; Isabel, francesa; Adriana, española; Alain, francés; David, galés; Elisabet, estadounidense; Aadil, paquistaní; Sharon, jamaicana

– ¡Hola! Me llamo Pablo. Soy español.
– ¡Hola! Me llamo Isabel. Soy francesa.
– ¡Hola! ¿Qué tal? Me llamo Adriana. Vivo en los Estados Unidos pero soy española.
– ¡Hola! Mi nombre es Alain. Soy francés.
– Me llamo David. Soy galés.
– ¡Hola! Me llamo Elisabet. Soy estadounidense.
– Me llamo Aadil. Soy paquistaní.
– ¡Hola! Me llamo Sharon. Soy jamaicana.

3 *Escribe las palabras apropiadas en los globos y luega escucha la cinta para ver si son correctas. (AT1/1–2)*

Listening. Pupils write the correct words in the speech bubbles and then listen to the tape to check their answers.

Answers: **1** ¡Hola! **2** Bien **4** eres; soy **5** mexicana

En el jardín zoológico
– ¡Hola!
– ¡Hola!
– ¿Qué tal?
– Bien.
– Oye, ¿eres mexicano?
– Sí, soy mexicano.
– Y yo soy mexicana.
– ¡Qué bien!

C **Cuaderno page 7**

1 Contesta las preguntas. Escribe tus respuestas en el globo. (AT4/2–3)

Writing. Pupils write the answers to the questions in the speech bubbles.

2 Escribe los datos personales de tu personalidad favorita. (AT4/1–2)

Writing. Pupils write the details of their favourite famous person in the spaces provided.

 **8**   *Los meses* (Pupil's Book pages 18–19)

Main topics and objectives

- Learning the months
- Asking when someone's birthday is
- Saying when your birthday is

Other aims

- Filling out a simple form

Structures

¿Cuándo es tu cumpleaños?
Mi cumpleaños es el…de…

Vocabulary

el apellido
el cumpleaños
el domicilio
la ficha
el nombre

enero	*julio*
febrero	*agosto*
marzo	*septiembre*
abril	*octubre*
mayo	*noviembre*
junio	*diciembre*

Resources

Cassette A Side A
Cuaderno page 8
Hojas de trabajo 10
                                 11
                                 12
                                 13
                                 14

---

1 Escribe los meses en el orden correcto. (AT3/1)

Reading/Writing. Pupils work out the order of the months by looking at the pictures.

Answers: enero, febrero, marzo, abril, mayo, junio, julio, agosto, septiembre, octubre, noviembre, diciembre.

2 Ahora escucha los meses en la cinta. (AT1/1, AT2/1)

Listening/Speaking. Pupils listen to the months on tape. Then they listen a second time and repeat the months with the tape.

Repetid los meses con la cinta.

– enero
– febrero
– marzo
– abril
– mayo
– junio
– julio
– agosto
– septiembre
– octubre
– noviembre
– diciembre

3 Escucha la cinta. ¿Qué fechas oyes? (AT1/2)

Listening. Ask pupils to look at the pages from the calendar as they listen to the five dates. Ask them to write down what these dates are in English.

¡HOLA!

Vais a oír cinco fechas en español. ¿Qué son en inglés?

Example: el 22 de abril = 22 April

Answers: **D** 2 June **C** 1 March **E** 15 August
B 31 July **F** 25 December

1 – Es el dos de junio.
2 – Es el primero de marzo.
3 – Es el quince de agosto.
4 – Es el treinta y uno de julio.
5 – Es el veinticinco de diciembre.

4 *Escribe las fechas. (AT4/1–2)*

Writing. Pupils write out the dates in full.

Escribid las fechas en los cuadernos.

Example: 27/2 = 27 de febrero

Answers: **a** = 16 de abril **b** = 21 de junio
c = 24 de julio **d** = 4 de mayo
e = 12 de diciembre **f** = 13 de agosto
g = 6 de octubre **h** = 18 de septiembre
i = 15 de enero **j** = 31 de marzo
k = 3 de noviembre **l** = 7 de febrero
m = 19 de abril

Ask pupils to put the dates in order.

A good way of practising dates is to ask a different pupil each lesson to write the date on the board or to tell you the date.

¿Qué fecha es?

5 *Ahora lee las fechas a tu pareja. (AT2/2)*

Speaking. Working in pairs, pupils take it in turns to read out a date from the list they made in Activity 4.

Example: Es el 27 de febrero.
         Es el 16 de abril.

6 *Escucha la cinta y empareja las fechas con los dibujos. (AT1/2)*

Listening. Pupils listen to the four teenagers saying when their birthdays are and write down the letter of the drawing that goes with each birthday.

Escribid la letra de los dibujos que van con los números de 1 a 4.

Answers: **1** C **2** A **3** B **4** D

1 – ¿Cuándo es tu cumpleaños?
  – Mi cumpleaños es el quince de enero.
2 – ¿Cuándo es tu cumpleaños?
  – Mi cumpleanos es el treinta y uno de marzo.
3 – ¿Cuándo es tu cumpleaños?
  – Mi cumpleaños es el primero de abril.
4 – ¿Cuándo es tu cumpleaños?
  – Mi cumpleaños es el diecinueve de octubre.

7 *Trabaja con tu pareja. (AT2/2)*

Speaking. In pairs, pupils practise asking and saying when their birthdays are:

– *¿Cuándo es tu cumpleaños?*
– *Mi cumpleaños es el…de…*

Pupils ask as many classmates as possible the above question and write down the answers. At the end of the exercise see which is the most popular month for birthdays. Penalties for speaking in English.

8 *Escucha la entrevista y completa la ficha. (AT1/3, AT4/2)*

Listening/Writing. Pupils listen to an interview with Isabel Muñoz. They then complete the form on **Hoja de trabajo 8 (activity 1)** with her details.

Go over the form with the class first to see if they can work out the meaning of the words.

Nombre – first name
Apellido – surname
Edad – age
Nacionalidad – nationality
Domicilio – place of residence
Cumpleaños – birthday

– ¡Hola! ¿Cómo te llamas?
– Me llamo Isabel Muñoz.

– ¿Cuántos años tienes Isabel?
– Tengo catorce años.

– ¿De qué nacionalidad eres?
– Soy española.

– ¿Dónde vives?
– Vivo en Sevilla.

– ¿Cuándo es tu cumpleaños?
– Mi cumpleaños es el 13 de julio.

Answers: Edad: catorce; Nacionalidad: española; Cumpleaños: 13 julio

Los deberes (AT4/2)

Ask pupils to make up a form containing the details of a famous person of their own choice.

Information technology

Using a word-processing package such as Write On/Flexiwrite, pupils can make up their own personal form. They could stick a photo of themselves on the completed form.

Database: Pupils use everything they have learnt in this *tema* and enter fieldnames (name, age, birthdays, nationality and origin). They could print a bar chart containing this information.

Language game (see page 5): *Six Spanish Games* (months), *Six More Spanish Games* (numbers).

H **Hoja de trabajo 10**

2 *Lee las cartas y completa las fichas. (AT3/3)*

Pupils read the letters and then complete the forms.

Answers: **1** Sofía Guzmán, 15, mexicana, Chicago, 19 de junio **2** Jaime Martínez, 14, español, Madrid, (no birthday given) **3** Cristina, 13, española, Sevilla, 30 de noviembre

3a *Escribe las palabras apropiadas en los espacios. (AT3/2, AT4/1)*

Reading/Writing. Pupils write the correct words in the spaces.

Answers: llamo; en; española; llamas; vives

3b *Ahora escribe una carta parecida, buscando amigos por correspondencia. (AT4/3–4)*

Pupils write a similar letter to the one in Activity 2a, seeking a pen pal.

H **Hoja de trabajo 11**

1 *Escucha la cinta y marca las fechas correctas de los cumpleaños. (AT1/2)*

Pupils listen to the tape and select the correct answer for each person.

Answers: Julia 7/5; Luis 1/4; Amanda 28/2; Nicolás 8/12; Gabriela 31/3; Miguel 15/7

– ¡Hola! Me llamo Julia. Mi cumpleaños es el 7 de mayo.
– ¡Hola! Me llamo Luis. Mi cumpleaños es el primero de abril.
– Me llamo Amanda y mi cumpleaños es el 28 de febrero.
– ¡Hola! ¿Qué tal? Me llamo Nicolás y mi cumpleaños es el 8 de diciembre.
– ¡Hola! Mi nombre es Gabriela. Mi cumpleaños es el 31 de marzo.
– Me llamo Miguel. Mi cumpleaños es el 15 de julio.

2 *Empareja las fechas. (AT3/1)*

Pupils match the dates written in words in the left-hand column with the dates written in numerals in the right-hand column.

Answers: 3 de febrero, 3/2; 15 de enero, 15/1; 1 de octubre, 1/10; 29 de febrero, 29/2; 21 de junio, 21/6; 7 de junio, 7/6; 12 de abril, 12/4; 31 de marzo, 31/3; 19 de noviembre, 19/11; 19 de marzo, 19/3; 8 de mayo, 8/5; 10 de diciembre, 10/12.

3a *Sigue las fechas (→) y lee el mensaje secreto. (AT3/2)*

Pupils follow the arrows to discover the secret message.

Answer: Mi cumpleaños es el veintiséis de abril

3b *Escribe un mensaje secreto. (AT4/3)*

Pupils write their own secret message in the same style as Activity 3a.

H **Hoja de trabajo 12**

1 *Escribe los nombres de los meses que faltan en la ficha abajo. (AT4/1–2)*

Writing. Pupils write in the names of the months that are missing in the chart.

¡HOLA!

2 *Pregunta a tus amigos: ¿Cuándo es tu cumpleaños? Escribe el nombre de cada persona y la fecha de su cumpleaños debajo del mes apropiado. (AT2/2)*

Speaking/Writing. Pupils ask their friends when their birthdays are. They write the name of each person in the left-hand column and his/her birthday under the appropriate month.

3 *¿En qué mes hay más cumpleaños?*

Writing. Pupils work out from the chart which month contains the most birthdays and write in the answer.

H **Hoja de trabajo 13**

Quita las palabras y lee un mensaje. (AT3/1)

The grid contains six months, three countries and nine numbers. The pupils cross out the words as instructed and then read the remaining message. They write the message in the space provided.

Answer: Eres un amigo fenomenal

H **Hoja de trabajo 14**

1 *Escucha la cinta. Escribe el cumpleaños y el signo del horóscopo de cada persona. (AT1/2)*

Pupils listen to the tape and write the birthday and star sign of each person in the spaces provided.

Answers: **1** el seis de marzo, piscis **2** el trece de agosto, leo **3** el veintiocho de octubre, escorpio **4** el primero de febrero, acuario **5** el veintiuno de junio, géminis **6** el diecisiete de septiembre, virgo **7** el treinta de noviembre, sagitario **8** el diez de mayo, tauro

– ¡Hola! Me llamo Adriana. Mi cumpleaños es el 6 de marzo.
– Me llamo Mario y mi cumpleaños es el 13 de agosto.
– ¡Hola! Me llamo Gloria. Mi cumpleaños es el 28 de octubre.
– Y yo me llamo Lorenzo. Mi cumpleaños es el primero de febrero.
– ¡Hola! Me llamo Luisa. Mi cumpleaños es el 21 de junio.
– Me llamo Guillermo. Mi cumpleaños es el 17 de septiembre.
– ¡Hola! Me llamo Rosana. Mi cumpleaños es el 30 de noviembre.
– Me llamo Vicente. Mi cumpleaños es el 10 de mayo.

2 *¿Y tú? (AT4/1)*

Writing. Pupils write their star signs in the space provided.

C **Cuaderno page 8**

1 *Escribe los meses en el crucigrama. (AT4/1–2)*

Writing. Pupils work out where to put the months in the crossword and write them in.

Answers:

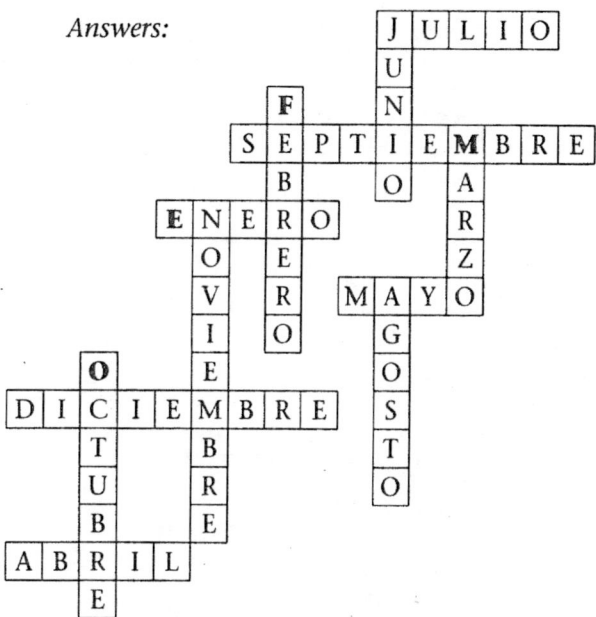

2 *Escribe el número para completar la serie. (AT4/1–2)*

Writing. Pupils write the correct number in each space to complete the series.

Answers: cuatro; seis; treinta; quince; trece

3 *Escribe el mes para completar la serie. (AT4/1–2)*

Writing. Pupils write the correct month to complete the series.

Answers: abril; agosto; enero; septiembre

4 *¿Cuándo es tu cumpleaños? (AT4/2)*

Writing. Pupils write their birthdays in the space provided.

Resumen (Pupil's Book page 20)

> This is a checklist of language covered so far. Pupils can use this in preparation for **Prepárate**.
>
> **Resources**
>
> Cuaderno pages 9 & 10
> Hoja de trabajo 15 (Tema 1 Gramática)

H Hoja de trabajo 15

1 *Completa las preguntas con las palabras que faltan.*

Writing. Pupils write the correct words in the spaces.

Answers: **a** qué **b** Cómo **c** Cómo **d** Dónde **e** qué **f** Cuántos **g** Cuándo

2 *Escribe la forma apropiada de los verbos en esta conversación.*

Answers: te llamas; llamo; Vivo; Eres; Soy; tienes; Tengo; Tengo; es

3 *Escribe las nacionalidades que faltan en la ficha.*

Pupils write the masculine or feminine adjective as appropriate.

Answers: alemana; australiana; bengalí; canadiense; escocesa; español; francesa; galesa; inglesa; irlandés; italiano

C Cuaderno page 9

Completa la historia de los dibujos. (AT3/2, AT4/1–2)

Pupils select the appropriate words from the list to complete each speech bubble in the photo story.

Answers: ¡Hola!; te llamas; Me llamo; Tengo; vives; vivo; escocesa

C Cuaderno page 10

1 *Completa las preguntas con las palabras apropiadas. Luego escribe las respuestas correctas. (AT4/2–3)*

Reading/Writing. Pupils select the appropriate words from the list to complete each question. Then they write the answers to the questions.

Answers: **a** Qué **b** Cómo **c** Dónde **d** Cuántos **e** qué **f** Cuándo

2 *Mira los anagramas y escribe los nombres de los países. (AT4/2)*

Reading. Pupils work out the names of the countries.

Answers: **1** España **2** Italia **3** Francia **4** Alemania

3 *¿Hablas español bien? ¿Escribes español bien? Completa las frases. (AT4/1)*

Writing. Pupils complete the sentences to say how well they are doing in Spanish.

¡HOLA!

Prepárate *(Pupil's Book page 21)*

Pupils use **Hoja de trabajo 16** to record their answers to the test.

Resources

Cassette A Side A
Hoja de trabajo 16

A Escucha

1 *Marca los números que oyes en la cinta. (AT1/1)*

Pupils listen to the tape and tick the numbers that they hear.

Answers: 1; 10; 7; 22; 30; 18; 40; 9; 13; 45; 11

uno; diez; siete; veintidós; treinta; dieciocho; cuarenta; nueve; trece; cuarenta y cinco; once

2 *Escribe los nombres. (AT1/1)*

Pupils listen to the tape and write down the names which are spelt out.

Answers: Javier; Alicia; Alejandro; Ana

– ¡Hola! ¿Cómo te llamas?
– Me llamo Javier.
– ¿Cómo se escribe Javier?
– Se escribe J A V I E R.

– ¡Hola! Me llamo Alicia.
– ¿Cómo se escribe Alicia?
– A L I C I A.

– ¡Hola! ¿Cómo te llamas?
– ¡Hola! Me llamo Alejandro.
– ¿Cómo se escribe tu nombre?
– Se escribe A L E J A N D R O.

– ¡Hola! ¿Cómo te llamas?
– Me llamo Ana.
– ¿Cómo se escribe tu nombre?
– Es fácil. A N A.

B Habla

1 *Trabaja con tu pareja. Contesta las preguntas. (AT2/1–2)*

Working in pairs, pupils take turns to ask and answer.

¡Hola! ¿Qué tal? ¿Cómo te llamas? ¿Cuándo es tu cumpleaños? ¿Dónde vives? ¿Cuántos años tienes? ¿De qué nacionalidad eres? ¡Adiós!

C Lee

1 *Lee las entrevistas y elige las personas correctas. (AT3/3)*

Pupils read the three interviews. For each interview they select the correct famous person from the three possibilities.

Answers: **a** Maria Carey **b** Linford Christie **c** Luciano Pavarotti

D Escribe

1 *Completa la frase apropiada para cada dibujo. (AT4/1–2)*

Pupils fill in the gaps with the correct word.

Answers: **a** mañana **b** llamo **c** Tengo **d** Buenos

2 *Completa la ficha con tus datos personales. (AT4/1–2)*

Pupils complete this form with their own details.

Tema 1 Prueba

A Escucha

1 *Escucha la cinta y marca los saludos que oyes. (AT1/1)*

Pupils mark each greeting each time they hear it on tape.

Answers: ¡Hola! = 3; ¿Qué tal? = 2; Buenos días = 2; Buenas tardes = 2; Adiós = 2; Hasta luego = 1

Total: 12 marks

1 – ¡Hola!
  – ¡Hola! ¿Qué tal?
2 – Buenos días.
  – Buenos días.
3 – ¡Hola! ¿Qué tal?
  – Bien, gracias. ¿y tú?
  – Muy bien.
4 – Buenas tardes.
  – Buenas tardes.
5 – Adiós.
  – Adiós, hasta luego.

2 *Escucha la cinta y elige los números mencionados. (AT1/2)*

Pupils write down the numbers mentioned on tape.

Answers: **1** 15 **2** 21 **3** 1, 2, 3 **4** 30, 40 **5** 12 **6** 11

Total: 9 marks

1 – ¿Cuántos años tienes?
  – Tengo 15 años.
2 – ¿Cuándo es tu cumpleaños?
  – Mi cumpleaños es el 21 de marzo.
3 – Uno, dos y tres…
4 – Treinta, cuarenta.
5 – ¿Cuándo es tu cumpleaños?
  – Es el 12 de enero.
  – ¿El 12 de enero? ¡Qué bien!
6 – ¿Cuándo es tu cumpleaños?
  – Mi cumpleaños es el 11 de enero.

B Habla

1 *Trabaja con tu pareja. Elige un nombre y contesta las preguntas. (AT2/1)*

Pupils choose one of the famous names and ask each other the questions ¿Cómo te llamas? ¿Cómo se escribe?

1 mark for saying *Me llamo* + chosen name.
4 marks for spelling out the chosen name correctly.

Total: 5 marks

2 *Trabaja con tu pareja. Pregunta y contesta. (AT2/2)*

Pupils ask each other the questions: *¡Hola! ¿Cómo te llamas? ¿Dónde vives? ¿De qué nacionalidad eres? ¿Cuántos años tienes? ¿Cuándo es tu cumpleaños?*

Total: 5 marks

C Lee

1 *Lee los diálogos y empareja el nombre con el país. (AT3/2)*

Pupils read the conversations and match up the names to the countries.

Answers: Martín/Escocia; Karen/Irlanda; Antonio/Gales

Total: 4 marks

2 *Lee las conversaciones y elige la frase apropiada para completar cada una. (AT3/2)*

Pupils read the conversations and select the correct sentence to complete each one.

Answers: **a** 3 **b** 4 **c** 2 **d** 1

Total: 4 marks

D Escribe

1 *Completa las frases con las palabras apropiadas. (AT4/1)*

Pupils complete the sentences with suitable words.

Total: 5 marks

2 *Escribe una carta similar. (AT4/2)*

Pupils read Raquel's letter and write a reply.
Answers: **1** tal **2** llamo **3** Vivo **4** años **5** cumpleaños

1 mark for each correct statement students write about themselves:
Me llamo + name; *Soy* + nationality;
Tengo…años; Vivo en + town, country;
Mi cumpleaños es…

Total: 5 marks

Maximum marks for Test: 49 marks

Tema 2: Al colegio *(Pupil's Book pages 22–37)*

Unidad	Main topics and functions	Programme of Study Part I	Programme of Study Part II	Grammar
¿Cómo vas al colegio? (pp. 22–23)	Modes of transport Saying how you get to school	2d, 3f	C	¿Cómo vas al colegio? Voy a/en... Present tense, 1st, 2nd & 3rd persons singular of *ir*
¿Qué te gusta estudiar? (pp. 24–25)	School subjects Saying what you like and why. Saying what you don't like and why	1i, 2h, 4c	A	¿Te gusta(n)...? Me gusta(n)... No me gusta(n)...
¿A qué hora tienes la clase? (pp. 26–27)	Telling the time Saying at what time something happens School timetable Days of the week	2f, 3a	A	¿Qué asignaturas tienes el...? Tengo... ¿Qué hora es? ¿A qué hora tienes...? A la(s)...
En clase (pp. 28–29)	Classroom items Asking for something	1a, 1e	A	¿Es un(a)...? ¿Tienes un(a)...? Sí, tengo... No tengo... Hay...
La clase de miedo (pp. 30–31)	Asking permission Asking for help	2c, 2o, 3h, 4e	B	Using the *tú* and *usted* forms
¿Qué pasa con Felipe? (pp. 32–33)	Photo story (Revision)	1g, 3e	A	
¿Cómo es tu instituto? (pp. 34–35)	Describing your school Understanding a plan of a school	2e, 3g	A, B	En mi instituto hay... Es un instituto de secundaria
Resumen (p. 36)	Revision			
Prepárate (p. 37)	Revision (practice test)			

1 ¿Cómo vas al colegio? (Pupil's Book pages 22–23)

Main topics and objectives

- Talking about modes of transport
- Saying how you get to school

Other aims

- Using the verb *ir* (present tense, 1st, 2nd & 3rd persons singular)

Structures

¿Cómo vas al colegio?
Voy a...
Voy en...
A veces...

Vocabulary

a caballo
a pie

en astronave
en autobús
en avión
en barco
en bicicleta
en coche
en helicóptero
en metro
en moto
en taxi
en tren

Resources

Cassette A Side B
Cuaderno page 11
Hojas de trabajo 17
                 18
                 19
Flashcards 1–9

Introduce modes of transport using items such as flashcards, toys and OHP transparencies.

1 *Escucha la cinta. ¿Quién habla? Escribe el orden de las personas que hablan. (AT1/2, AT3/2)*

Listening/Reading. Pupils listen to the tape and write down the order of the people speaking.

Answers: **1**B **2**E **3**G **4**A **5**F **6**C **7**D

- ¡Hola! ¿Cómo vas al colegio?
- Voy en autobús.
- Y tú, ¿cómo vas al colegio?
- Voy en coche.
- ¿Cómo vas al colegio?
- Voy en metro.
- ¿Cómo vas al colegio?
- A veces voy a pie.
- Oye, ¿cómo vas al colegio?
- Voy en moto.
- ¡Hola! ¿Cómo vas al colegio?
- A veces voy en tren.
- ¿Cómo vas al colegio?
- Voy en bicicleta.

2 *Trabaja con tu pareja. (AT2/2)*

Speaking. Working in pairs, pupils practise:
– ¿Cómo vas al colegio?
– Voy en/Voy a...

Trabajad con vuestras parejas.

[H] Pupils can carry out a class survey using **Hoja de trabajo 17** (see below).

3 *Escribe una frase para cada foto. (AT4/2)*

Writing. Pupils complete the sentence *Voy...* with the appropriate means of transport for each photo.

Completad las frases.

Answers: **A** Voy en autobús **B** Voy en tren **C** Voy en coche **D** Voy en moto **E** Voy en bicicleta

4 *Escucha la cinta y mira las fotos. Elige el medio de transporte correcto. (AT1/2)*

Listening. Pupils listen to the tape and select the correct mode of transport for each conversation.

AL COLEGIO

Answers: **A** a caballo **B** en avión **C** en barco

A – Oye, ¿vas a pie?
– No, ¡qué va! Voy a caballo.

B – ¿Vas en avión?
– Sí, voy en avión.

C – ¿Vas en barco?
– Sí, voy en barco.

Ask the class if they can spot a pattern when using *voy a* and *voy en*. *Voy a* is used with *pie* and *caballo*, but *voy en* is used with the other modes of transport.

Gramática

Pupils are introduced to the verb *ir* (to go): 1st, 2nd and 3rd persons singular.

5 *Trabaja con tu pareja. Mira las fotos en la Actividad 4 y pregunta. (AT2/2)*

Speaking. Working in pairs and using the photos from Activity 4, pupils take turns to ask how the people are travelling.
– ¿Va a pie o a caballo?
– Va a caballo.

Information technology

Una encuesta: Pupils can use a wordprocessing package to make up a survey about school and personal details, using questions from this unit and from Tema 1. For example: ¿Cómo te llamas? ¿De dónde eres? ¿Cómo vas al colegio? Ask pupils to interview each other in class. This information could be added to a database for further use.

H Hoja de trabajo 17

1 *¿Cómo vas al instituto? Haz una encuesta en clase sobre el transporte. (AT2/2)*

Speaking/Writing. Pupils carry out a class survey of how people come to school. They write the names of the means of transport in the grid and then record the answers.

2 *¿Cuál es el medio de transporte más popular? Escribe el resultado de la encuesta. (AT4/2)*

Writing. From the survey, pupils work out the most popular form of transport and write it in the space provided.

H Hojas de trabajo 18 & 19

Transport word and picture cards for matching games.

C Cuaderno page 11

1 *Mira los dibujos y escribe los medios de transporte en los espacios. (AT4/1–2)*

Writing. Pupils look at the drawings and write the correct means of transport in the grid.

Answers: caballo; autobús; moto; metro; coche; tren; barco; avión; pie

2 *Mira el ejemplo y luego escribe las frases apropiadas en los dibujos. (AT4/2–3)*

Writing. Pupils follow the example and write the correct sentence for each drawing.

Answers: **a** Voy en metro **b** Voy en moto **c** Voy en coche **d** Voy en bicicleta **e** Voy a pie **f** Voy a caballo **g** Voy en avión **h** Voy en tren **i** Voy en astronave

3 *Escribe las palabras apropiadas en los espacios. Luego escribe lo mismo sobre ti. (AT3/2, AT4/3–4)*

Reading/Writing. Pupils write the correct words in the spaces. They then write the same information about themselves.

Answers: en autobús; en coche

2 ¿Qué te gusta estudiar? (Pupil's Book pages 24–25)

Main topics and objectives

- Naming school subjects
- Saying what you like and why
- Saying what you don't like and why

Other aims

- Using the singular and plural of *gustar*: *gusta/gustan*

Structures

¿Te gusta(n)…?
Me gusta (mucho)…
Me gustan…
Es/Son…

Vocabulary

la asignatura
las ciencias
el comercio
el dibujo
el diseño
la educación física
el español
el francés
la geografía
la historia
la informática
el inglés
las matemáticas
la música
la religión
la sociología
la tecnología
los trabajos manuales

aburrido(s)/aburrida(s)
difícil(es)
fácil(es)
interesante(s)
útil(es)

Resources

Cassette A Side B
Cuaderno page 12
Hojas de trabajo 20
                     21
Flashcards 10–24

Background information: education in Spain

General

Spanish schools start early (about 8.00 a.m.), finishing late (about 5.00 p.m.). Most pupils return home for a two-hour lunch break and their main meal of the day *(la comida)*. However, during the summer months schools finish at lunchtime, as it is too hot to work in the afternoon. The summer holiday of two and a half months is longer than in the United Kingdom. Most state schools do not have uniforms.

Education reform

In 1991 the Spanish education system was reformed. Pupils can no longer leave school at the age of 14; they must now continue in education until 16.

Old system

Until 1991 pupils up to 14 years followed a course of *Educación General Básica (EGB)*. If they passed all the exams they were called *graduado escolar*. Afterwards they could choose between two courses:

1 Study for the *Bachillerato Unificado Polivalente (BUP)* over 3 years. Successful students could then go on to study the *Curso de Orientación Universitaria (COU)* for one more year before sitting the university's own entrance exam.
2 Take the *Formación Profesional (FP)* for two years with the aim of gaining a vocational qualification.

The main criticism of this system was that pupils had to choose too early: those who opted for the FP could not to switch to university later on. For this reason, most pupils opted to take the BUP even if their vocation was more practical than academic.

AL COLEGIO

New system

The EGB has now been replaced by the *Educación Básica Obligatoria (EBO)*. This is divided into two cycles:

1 *Educación Primaria* (ages 6–12)
2 *Educación Secundaria Obligatoria* (ages 12–16).

After completing the EBO, students can carry on to the *Bachillerato*, which now takes only two years and is divided into four specialised modules. This is followed by the university entrance exam. The COU no longer exists. Alternatively, they can now take a one-year vocational course, *Módulo 2*. At the end of this year students can either seek a job or take a further year of more specialised vocational training in *Módulo 3*. At the end of this they can either take the university entrance exam or seek employment. A student who has taken only *Módulo 2* and has already started work can later decide to take *Módulo 3*. The main advantages of the new system are flexibility and the postponement of important decisions.

1 Escucha la cinta. ¿Qué asignaturas conoces? (AT1/3, AT3/3)

Listening/Reading. Pupils listen to people talking about the subjects they like or dislike and follow the text in the book.

¿Qué asignaturas les gustan a las personas y qué asignaturas no les gustan?

1 – ¿Te gusta la educación física?
 – Sí, me gusta la educación física.

2 – ¿Te gusta la informática?
 – Sí, me gusta mucho la informática y el comercio.

3 – ¿Te gusta el dibujo?
 – Sí, me gusta el dibujo.

4 – ¿Te gusta la historia?
 – No me gusta la historia. Me gustan las ciencias y las matemáticas.

5 – ¿Te gustan las matemáticas?
 – No me gustan nada las matemáticas. Me gusta la música.

6 – ¿Te gustan el español y el inglés?
 – No me gustan el español ni el inglés. Me gustan mucho el francés y la historia.

7 – Cristóbal, ¿te gusta la historia?
 – Sí, me gustan la historia y la geografía. ¿Y a tí, Fernando? ¿Qué asignaturas te gustan?

8 – A mí me gustan todas las asignaturas: las ciencias, los trabajos manuales, el español, la religión, las matemáticas ... todas las asignaturas.

Cognates: ask pupils if they recognize any of the Spanish names of the school subjects.

¿Qué asignaturas conocéis?

Give pupils a few minutes to think about this. Write the words on the board or hold up symbols/pictures to represent each subject. Drill these with your class. You could chant the words, stressing the syllables. For example: *ge o gra fí a.*

2a *Escucha la cinta. ¿De qué asignaturas hablan estos jóvenes? (AT1/3)*

Listening. Pupils listen to three young people talking about subjects they are studying. Ask pupils to write down in English as many of these as they can.

Escuchad a los jóvenes que hablan de sus asignaturas favoritas. ¿De qué asignaturas hablan?

Ask pupils 'How do you say "I like" and "I dislike"?'

Answers:
Carmencita: L, A, J, B, D, F, G, H
Francisco: G, H, A, O, F, I, K
Esperanza: A, J, B, O, C, M, N

– ¿Qué asignaturas te gustan, Carmencita?
– Me gusta mucho el francés. También me gustan mucho el español y el inglés. Me gustan el diseño y la sociología. Pero no me gusta la informática. No me gustan nada las ciencias ni las matemáticas.

– ¿Y a ti, Francisco? ¿Qué asignaturas te gustan?
– Me gustan mucho las ciencias y las matemáticas. Me gusta el español. No me gustan los trabajos manuales ni la informática. Y no me gustan nada la educación física ni la música.

– ¿Qué asignaturas te gustan, Esperanza?
– A mí me gustan mucho el español y el inglés. Me gusta el diseño. No me gustan los trabajos manuales ni el comercio. Y no me gustan la historia ni la geografía.

2b *¿Qué asignaturas te gustan? Escribe cuáles son tus asignaturas favoritas. (AT4/2–3)*

Writing. Pupils write down a list of subjects they enjoy, along the lines of *A mí me gustan el … y la … y me gusta mucho el …* .

Point out that *me gusta* is used when talking about one thing; *me gustan* is used for more than one thing or plural nouns (*las matemáticas*); *me gusta(n) mucho* is used for liking something a lot.

Speaking. Ask pupils which subjects they enjoy. Encourage them to respond using one of the above phrases.

¿Qué asignaturas te gustan? Contestad 'me gusta' o 'me gustan', 'me gusta mucho' o 'me gustan mucho'.

2c *Escucha la cinta otra vez. ¿Qué opinan estos estudiantes de sus asignaturas? (AT1/3)*

Listening. Pupils listen to the tape again and, using the table on **Hoja de trabajo 20** (Activity 1), note what Carmencita, Francisco and Esperanza think of each subject.

Marcad las asignaturas que les gustan y no les gustan a Carmencita, Francisco y Esperanza.

Ask pupils to make a two-column grid for likes and dislikes with the students' names and fill it in. The labelled drawings at the top of page 25 will help pupils to learn all the subjects.

Seguid el ejemplo en la pizarra.

Answers:

	Me gusta	**No me gusta**
Carmencita	el francés el español el inglés el diseño la sociología	la informática las ciencias las matemáticas

Francisco	las ciencias
	las matemáticas
	el español
		los trabajos
		  manuales
		la informática
		la educación
		  física
		la música

Esperanza	el español el inglés el diseño	los trabajos manuales el comercio la historia la geografía

3 *Pregunta a tu pareja. (AT2/3)*

Speaking: Working in pairs, pupils practise asking each other which subjects they like and dislike.
– *¿Qué asignaturas te gustan?*
– *Me gusta mucho…/Me gustan…*
– *¿Qué asignaturas no te gustan?*
– *No me gusta…/No me gustan nada…*

4 *¿Qué opina tu pareja de sus asignaturas? (AT2/3)*

Speaking. Working in pairs, pupils practise saying why they like or dislike their subjects.
– *¿Te gusta(n)…?*
– *Sí/No.*
– *¿Por qué?*
– *Porque es/son…*

Game
Pupils play this game in pairs.
– *¿Te gusta?*
– *Sí, me gusta/No me gusta.*
They fold a piece of paper in half so that it stands up. On the side facing them they write (or draw) four subjects they enjoy. The aim of the game is to guess the opponent's four subjects by asking *¿Te gusta…?* If the other player guesses correctly his/her partner must reply *Sí, me gusta* and cross the subject off. If the guess is incorrect he/she replies *No me gusta* and has his/her turn. The winner is the person who guesses all the opponent's subjects first.

AL COLEGIO

Socorro

This gives help with the unit vocabulary.

> *Gramática*
>
> You use *me gusta* or *me gustan* to say that you like something.
> You use *¿te gusta?* or *¿te gustan?* to ask somebody if he or she likes something.

gusta is singular. You are talking about one thing, e.g. *el español*.

gustan is plural. You are talking about more than one thing, e.g. *las matemáticas*.

Point out that *el/la/los/las* are used in front of school subjects, e.g. *el inglés, las matemáticas*.

Los deberes (AT4/2–3, AT2/2–3)

Ask your pupils to put their likes and dislikes of school subjects into a song. This could be recorded on tape or performed live.

H Hoja de trabajo 20

2 *Completa las frases. (AT4/1–2)*

Writing. Pupils complete the sentences using information from the grid.

Answers:
Carmencita: No me gustan la informática, ni las ciencias ni las matemáticas.
Francisco: A mí me gustan mucho las ciencias y las matemáticas.
Esperanza: A mí me gustan mucho el español y el inglés.

H Hoja de trabajo 21

1 *Empareja las dos columnas con líneas para decir cómo te gustan las asignaturas. (AT3/2)*

Reading. Pupils draw lines between the two columns to show what they think of their school subjects.

2a *Encuesta escolar. Pregunta a tu clase. (AT2/3)*

Speaking. Pupils carry out a class survey to see what their classmates think of their subjects, recording the results on the grid.

2b *Completa las frases. (AT4/1–2)*

Writing. Pupils use the results of the survey to complete the two sentences, saying which are the most popular and least popular subjects.

C Cuaderno page 12

1 *¿De qué asignaturas son estos profesores? Busca en la sopa de letras las palabras que faltan y escríbelas en los espacios en blanco. (AT3/1, AT4/1)*

Reading/Writing. Pupils find the teachers' subjects in the wordsearch and write them underneath the pictures.

Answers: **1** informática **2** ciencias **3** educación física **4** dibujo **5** matemáticas **6** música

2a *Mira los dibujos y completa las frases. (AT4/1–2)*

Writing. Pupils look at the drawings and write the correct subjects in the spaces.

Answers: español; historia; matemáticas, ciencias; informática; dibujo

2b *¿Y tú? ¿Qué opinas de tus asignaturas? (AT4/2–3)*

Writing. Pupils write what they think of their school subjects.

3 ¿A qué hora tienes la clase?

(Pupil's Book pages 26–27)

Main topics and objectives

- Telling the time
- Saying at what time something happens
- Describing the school timetable

Other aims

- Learning the days of week

Structures

¿Qué asignaturas tienes el...?
Tengo...
¿Qué hora es?
Es la una y cuarto
Son las... y media
Son las... menos cuarto
¿A qué hora tienes...?
A la/las...

Vocabulary

el lunes
el martes
el miércoles
el jueves
el viernes
el sábado
el domingo
el fin de semana

la comida
el horario
el recreo

Resources

Cassette A Side B
Cuaderno page 13
Hojas de trabajo 22
                  23
                  24

Use the timetable on page 26 to introduce the days of the week.

Repetid los días de la semana conmigo. Más rápido/lento/alto/bajo.

1 *Escucha la cinta. ¿Qué asignaturas tiene Mateo el viernes? (AT1/3)*

Listening. Pupils listen to Mateo being asked about the subjects he has during the week. They also look at the timetable. Then they write down the subjects Mateo has on Friday.

Answers: Matemáticas, español, geografía

Escribid las asignaturas que Mateo tiene el viernes.

Ask pupils to listen to the tape again and write down the subjects Mateo has on Monday and Wednesday. They should do this without looking at the timetable.

– ¿Qué asignaturas tienes el lunes, Mateo?
– Tengo inglés, matemáticas, dibujo, educación física y ciencias.

– ¿Qué asignaturas tienes el martes?
– Tengo tecnología, informática, religión, matemáticas y geografía.

– ¿Qué tienes el miércoles?
– El miércoles tengo ciencias, inglés, historia (no me gusta mucho la historia). Y tengo dibujo y español.

– ¿Y el jueves? ¿Qué asignaturas tienes?
– Tengo educación física (no me gusta nada la educación física). Tengo tecnología, teatro, informática y tengo historia otra vez.

– ¿Y el viernes? ¿Qué tienes el viernes?
– El viernes tengo matemáticas, español y geografía.

2 *Pregunta a tu pareja. (AT2/3)*

Speaking. Working in pairs, pupils ask each other what subjects they have on Monday (and on other days if there is time). They could use their own school timetable.
– ¿Qué asignaturas tienes el...?
– Tengo...

3 *Escucha la cinta. ¿Qué hora es? (AT1/2, 2/1)*

Listening. Introduce the time using the clocks. Pupils then listen to the tape and look at the clocks. Play the tape again and ask them to repeat the time with the tape.

AL COLEGIO

Repetid con la cinta, por favor.

– ¿Qué hora es?
– Es la una.
– Son las dos.
– Son las siete y diez.
– Son las cinco y cuarto.
– Son las tres y media.
– Son las nueve menos cuarto.
– Son las cuatro menos veinticinco.
– Son las cinco menos cuarto.
– Es la una menos cinco.

Speaking. For further practice you could:

- practise ¿Qué hora es? using a big clock
- ask pupils to draw six clock faces (circles) in their books. You say six times in Spanish: *es la una, son las dos y veinte,* etc. Pupils fill in their clocks as you give the times.
- prepare an OHP transparency with empty clocks and the times written underneath. Pupils take turns to come up and fill in the clocks, using an OHP pen.

4 *Pregunta a tu pareja. (AT2/2)*

Speaking. Working in pairs, pupils ask each other the time and answer.
– ¿Qué hora es?
– Son las dos y media.

5 *Escucha la cinta. (AT1/2, AT3/2)*

Listening/Reading. Pupils listen to the tape. You then ask the class the following questions:
'What time does Fernando have maths on Monday?'
'What time does Fernando have maths on Friday?'
'What time is lunch?'

Answers: 10.40; 11.50; 1.00

– ¿A qué hora tienes matemáticas el lunes, Fernando?
– A las once menos veinte.
– ¿Y a qué hora tienes matemáticas el viernes?
– A las doce menos diez.
– ¿Y la comida?
– A la una.

6 *Escucha la cinta. ¿A qué hora tienen Pili y Andrés las diferentes asignaturas? (AT1/3, AT2/3)*

Listening. Pupils listen to the tape. They write down what subjects Pili and Andrés have and at what time.

¿Cuál es la asignatura?
¿A qué hora tienen estas asignaturas?

Write the subjects on the board; pupils copy these and as they listen to the tape they write the times next to each subject.

Copiad las asignaturas de la pizarra. Escuchad la cinta y escribid las horas que van con las asignaturas.

Answers:

	Pili	**Andrés**
francés	9.00	9.30
historia	10.45	10.15
recreo	10.55	11.30
matemáticas	12.25	12.00
comida	2.10	2.10

– Pili, ¿a qué hora tienes francés?
– Tengo francés a las nueve. ¿Y tú, Andrés?
– A las nueve y media.
– ¿Y a qué hora tienes historia?
– Tengo historia a las diez y cuarto. ¿Y tú?
– A las once menos cuarto.
– ¿A qué hora tienes tú el recreo?
– A las once menos cinco. ¿Y tú?
– A las once y media.
– ¿A qué hora tienes matemáticas?
– A las doce.
– Yo tengo matemáticas a las doce y veinticinco.
– ¿Y la comida?
– A las dos y diez. ¿Y tú?
– La comida es a las dos y diez también.
– Estupendo. Nos vemos a las dos y diez. ¡Hasta luego, Andrés!

Speaking. Pupils work with a partner and use their own timetables. They take turns to ask each other when they have a lesson.
– ¿A qué hora tienes...?
– Tengo... a las... ¿Y tú?

7 *Pregunta a tu pareja. (AT2/3)*

Speaking. Working in pairs, pupils take turns to ask each other when they have a particular lesson, using different structures.
– ¿A qué hora tienes… el lunes?
– A las diez.
– ¿Qué asignatura tienes el martes a las dos?
– Tengo…

8 *Escucha la canción. (AT1/4)*

Listening. Pupils listen to the song.

La canción menciona cinco asignaturas. ¿Cuáles son?

Answer: ciencias, dibujo, matemáticas, informática, español

¿Por qué no le gusta al cantante el miércoles?

Answer: No le gustan los deberes.

Pupils listen to the song a second time. Encourage them to join in.

Ciencias, las ciencias,
A las once, a las once,
El lunes.
¡Qué fáciles! ¡Qué fáciles!
¡Qué fáciles que son los exámenes!

Dibujo, el dibujo,
A las diez, a las diez,
El martes.
¡Qué aburrido es! ¡Tan aburrido es!
No me gustan los artistas ni las artes.

Matemáticas, las matemáticas,
A las tres, a las tres,
El miércoles.
¡Qué difíciles! ¡Qué difíciles!
No me gustan, no me gustan los deberes!

Informática, la informática,
A las dos, a las dos,
El jueves.
¡Qué útil es! Qué útil es!
¡Qué útil es jugar con las llaves!

Español, el español,
A las tres, a las tres,
El viernes.
¡Estupendo es, estupendo es!
¡Estupendo es hablar con la señorita Inés.

H **Hoja de trabajo 22**

1a *Escucha la cinta. ¿Están bien los horarios de Mercedes y Julio? (AT1/3)*

Listening. Pupils listen to the tape and look at the timetables to see whether they are correct.

– Hola, me llamo Mercedes. Hoy es martes. A las nueve y veinte tengo informática. A las diez y media tengo ciencias. A las dos tengo la comida.
El miércoles, a las nueve y diez tengo geografía. A las diez y media tengo ciencias. A las dos tengo la comida.

– ¿Qué tal? Soy Julio. Hoy es jueves. A las once y veinte tengo tecnología. A las doce tengo música. A las cuatro tengo educación física.
El viernes, a las once y veinte tengo el recreo. A las doce y cuarto tengo historia. Y a las dos menos diez tengo educación física.

1b *Escucha otra vez y corrige la información de los horarios. (AT1/3)*

Listening. Pupils listen again and correct the information on the timetables.

Answers:

Horario escolar de Mercedes		Horario escolar de Julio	
martes		jueves	
9.20h	informática	11.20h	tecnología
10.30h	ciencias	12.00h	música
2.00h	comida	4.00h	educación física
miércoles		viernes	
9.10h	geografía	11.20h	recreo
10.30h	ciencias	12.15h	historia
2.00h	comida	1.50h	educación física

H **Hoja de trabajo 23**

1 *Escucha la cinta y mira los dibujos de lo que hace Susana los diferentes días de la semana. Pon los dibujos en el orden correcto. (AT1/3)*

Listening. Pupils listen to the tape and put the drawings in the correct order.

Answers: **a**4 **b**1 **c**7 **d**2 **e**3 **f**5 **g**6

AL COLEGIO

1 – El lunes tengo matemáticas. Me gustan las matemáticas, son interesantes.
2 – El martes tengo mi asignatura favorita. Tengo ciencias. Me gusta mucho estudiar en el laboratorio.
3 – Tengo historia el miércoles. No es mi asignatura preferida. No es interesante.
4 – El jueves es un día terrible. Tengo educación física. No me gusta nada la educación física. Es difícil.
5 – Tengo dibujo el viernes. Tampoco me gusta mucho el dibujo. No es difícil, es aburrido.
6 – ¡Ah! El sábado, me gustan los sábados porque voy en bicicleta.
7 – Y el domingo juego al fútbol. ¡Goooool!

H Hoja de trabajo 24

1 *Rellena el horario de tu pareja. Pregunta a tu pareja y contesta las preguntas de tu pareja. (AT2/3)*

Speaking. Working in pairs, pupils each have one half of the worksheet. The pupil with part B asks his/her partner what subjects he/she has on Monday and at what time and writes the answers in the spaces. The pupil with part A then asks his/her partner the same questions about Tuesday.

Answers:
A: inglés; recreo; 10.30; 11.40; comida; educación física
B: 9.10; 10.20; ciencias; dibujo; 12.25; matemáticas

C Cuaderno page 13

1 *Mira la hora en los relojes y completa el crucigrama con las palabras que faltan en las frases. (AT4/1–2)*

Writing. Pupils look at the times shown on the clocks to find the missing words. They then write the words in the crossword.

Answers: **1** nueve **2** veinticinco **3** quince **4** las **5** diez **6** una **7** siete **8** doce **9** cinco **10** menos

2 *Mira los relojes y escribe las horas. (AT4/2–3)*

Pupils look at the clocks and write the times underneath.

Answers: **1** Son las nueve y quince **2** Es la una y media **3** Son las once menos cuarto **4** Son las cinco y veinticinco **5** Son las cuatro menos diez

4 En clase *(Pupil's Book pages 28–29)*

Main topics and objectives
- Naming classroom items

Other aims
- Asking for something

Structures
¿Es un/una...?
¿Tienes un/una...?
Sí, tengo...
No tengo...
Hay...

Vocabulary
el alumno/la alumna
el profesor/la profesora

el bolígrafo
la bolsa
el cuaderno
la goma de borrar
el lápiz
la mochila
la pizarra
el libro
el papel
la papelera
la puerta
el pupitre
la regla
la silla
la ventana

Resources
Cassette A Side B
Cuaderno page 14
Hojas de trabajo 25
26

---

1 *Escucha la cinta y escribe los números de las cosas mencionadas. (AT1/3)*

Listening. Pupils listen to the tape and write down the numbers of the items mentioned.

Escribid las letras de las cosas mencionadas.

Answers: 6; 8; 1a; 15; 9; 11; 12; 10; 16

– Empieza con 'p'.
– ¿Qué?
– 'p'.
– ¿La puerta?
– No.
– ¿La pizarra?
– No, no es la pizarra.
– ¿La profesora?
– Sí, muy bien, correcto, la profesora. Ahora te toca a ti.
– La letra 'b'.
– ¿'b'?
– Sí, 'b'.
– ¿La bolsa?
– No.
– ¿El bolígrafo?
– Sí, eso es, el bolígrafo.
– Me toca a mí, ¿no?
– Sí, te toca a ti.
– A ver... la letra 'c'.
– ¿Es el cuaderno?
– Sí, es el cuaderno.
– Ahora me toca a mí... la letra 'l'.
– ¿'l'?
– Sí, 'l'.
– ¿El libro?
– No, no es el libro.
– ¿El lápiz?
– Sí, correcto. El lápiz, los lápices.
– Ahora la letra... la letra 'm'.
– ¿'m'?
– Sí, 'm'.
– ¿La mesa?
– No, no es la mesa.
– ¿La mochila?
– Sí, eso es, la mochila. Muy bien.

Pupils listen to the tape a second time and note down the correct words.

Answers: la profesora; el bolígrafo; el cuaderno; el lápiz; la mochila

Game
Divide the class into groups of four to six to play the game pupils have just listened to on tape, using the pictures in the Pupil's Book.

AL COLEGIO

Memory game
Find examples of the smaller items *(el lápiz, el cuaderno, el papel, el bolígrafo…)*. Set them out on a table where all the pupils can see them. Ask pupils to close their eyes – no peeking! You discreetly remove one of the items (for example, the pencil). Pupils take turns to guess what is missing. The pupil who guesses correctly comes up and takes your place and the game continues until all the items have been removed.

2 *Escucha la cinta. ¿Qué es lo que no tiene cada alumno? Escribe el número de la cosa que no tiene. (AT1/3)*

Listening. Pupils listen to the beginning of a lesson where the teacher has to keep stopping in order to give students a pencil, a ruler, paper, a chair. For each student, pupils write down the number of the missing item (from the picture in Activity 1).

Escribid los nombres de los alumnos en vuestros cuadernos y escribid el número apropiado para cada alumno.

Answers: Lisa 4 (silla); Tomás 18 (papel); Alicia 13 (regla); Carlos 1 (lápiz)

– Silencio, por favor. Buenos días. Hoy tenemos un examen de matemáticas.
– Ay, no. Un examen.
– Señorita, por favor.
– Sí, Carlos.
– No tengo lápiz.
– Aquí tienes, un lápiz.
– Gracias.
– Bueno, mira la pizarra…
– Señorita, perdón…
– Sí, Alicia.
– No tengo regla.
– Toma, una regla.
– Ahora, escribe tu nombre…
– Señorita.
– Sí, Tomás.
– No tengo papel.
– ¿Papel? Bueno, aquí tienes.
– Oye, Lisa. Siéntate, por favor.
– Pero, señorita, no tengo silla.

3 *Trabaja con tu pareja. Primero, escribe una lista de cuatro cosas que tienes. Luego pregunta a tu pareja qué tiene. (AT2/2)*

Speaking. Pupils write down four classroom objects on a piece of paper. Working in pairs, they try to find out what the other person has written.
– ¿Tienes un…?
– Sí, tengo un…
– ¿Tienes una…?
– No, no tengo…

4 *Escucha la cinta y mira los dos dibujos. Elige dibujo A o B para cada frase. (AT1/3)*

Listening. 'Spot the difference': pupils listen to the tape and write A or B at the end of each sentence.

Escribid las letras de los dibujos que van con cada frase.

Answers: **1**A **2**B **3**– **4**A **5**A **6**B **7**B **8**A/B **9**A **10**A/B **11**A **12**B

– En el dibujo A, ¿hay un profesor o una profesora?
– Hay una profesora.
– ¿Hay alumnos y alumnas?
– Sí, hay seis alumnos y tres alumnas.
– ¿Hay una pizarra?
– Sí, en el dibujo A hay una pizarra.
– ¿Hay sillas?
– Sí, hay sillas en el dibujo A.
– ¿Hay dos ventanas?
– No, en el dibujo A no hay dos ventanas. Hay dos ventanas en el dibujo B.
– ¿Hay cuadernos?
– Sí, hay cuadernos y hay libros también.
– ¿Hay bolígrafos?
– No, no hay bolígrafos pero hay lápices.
– ¿Hay gomas en el dibujo A o en el dibujo B?
– Hay gomas en el dibujo B.

5 *¿Qué hay en las fotos? (AT2/2)*

Speaking. Pupils ask and say what they think each item is in the four mystery photos.
– ¿Es una regla?
– Sí, es una regla.

Answers: **A** goma **B** regla **C** mochila **D** lápiz

Writing. Pupils write down the name of the item (e.g. *la regla*) or a short sentence (e.g. *Es una regla.*).

Mini test (AT2/2–3)

The test covers Units 1 to 4 of Tema 2.

H **Hoja de trabajo 25**

1 *Busca, en la sopa de letras, los nombres de todas las cosas en el dibujo. (AT3/1)*

Reading. Pupils look at the wordsearch grid to find all the things shown in the drawing.

Answers: alumnas; alumnos; bolígrafos; bolsa; cuadernos; lápices; libros; mochila; papel; papelera; pizarra; profesora; puerta; pupitres; reglas; sillas; ventana

H **Hoja de trabajo 26**

1 *Escucha la cinta y escribe el número correcto para cada cosa. (AT1/1)*

Listening. Pupils listen to the tape and look at the drawings. They write the correct number for each object.

Answers: **a**3 **b**1 **c**5 **d**4 **e**2 **f**8 **g**7 **h**6

1 – ¿Tienes una regla?
– Sí, toma.
2 – Perdón señorita. No tengo silla.
3 – ¿Tienes un libro?
4 – No tengo papel.
5 – ¿Tienes un bolígrafo?
6 – Toma, un lápiz.
7 – No tengo cuaderno.
8 – ¿Tienes una goma de borrar?
– Sí, toma.

2 *Escucha la cinta y elige el dibujo apropiado. (AT1/2)*

Listening. Pupils listen to the tape and choose the drawing that they hear described.

Answer: **b**

En mi mochila hay un cuaderno, bolígrafos, lápices, una regla, papel y dos libros.

C **Cuaderno page 14**

1 *¿Cuántas cosas hay en la clase que terminan en 'a'? Mira los anagramas y escribe una lista. (AT4/1–2)*

Writing. Pupils look at the drawing and work out the anagrams. They write a list of things in the classroom that end in 'a'.

Answers: ventana; puerta; pizarra; silla; papelera; mochila; regla; chica; goma (anagrams not ending in 'a': pupitre; chico; papel; bolígrafo)

2 *Escribe los nombres de las cosas. (AT4/1–2)*

Writing. Pupils write the name of each item against the appropriate arrow.

Answers: libro; mochila; cuaderno; papel; lápiz; bolígrafo

3 *¿Qué hay en tu mochila? Escribe hay … o no hay … . (AT4/2–3)*

Writing. Pupils write what they do and do not have in their school bag, using the words in the list.

AL COLEGIO

5 La clase de miedo *(Pupil's Book pages 30–31)*

Main topics and objectives
- Asking permission
- Asking for help

Other aims
- Using the *tú* and *usted* forms

Structures
No entiendo
¿Puede repetir, por favor?
¿Cómo se dice...?
He terminado
¿Qué hago ahora?
Quiero ir a...
Préstame un/una...
Necesito ayuda

Vocabulary
los servicios

Resources
Cassette A Side B
Cuaderno page 15
Hojas de trabajo 27
28

---

1 *Escucha la cinta. Escribe en orden las letras de las personas que hablan. (AT1/4)*

Listening. Pupils listen to the start of a lesson at the horror school. Looking at the drawing, they put the letters in order.

Vais a mirar el dibujo y escuchar la clase de miedo. Escribid en orden las letras de las personas que hablan.

Answers: A, B, C, H, E, D, G, F

La clase de miedo
- ¡Buenos días clase!
- ¡Buenos días!
- Mirad la página 13 del libro y completad las frases.
- Perdón, señorita, no tengo libro.
- No entiendo. ¿Puede repetir, por favor?
- Necesito ayuuuuudaaaa.
- David, hombre, ¿qué te pasa?
- Quiero ir a los servicios.
- Bueno, rápido, a los servicios.
- ¿Cómo se dice 'papel'?
- No sé.
- Préstame un bolígrafo.
- He terminado. ¿Qué hago ahora?

- ¡Silencio! Ahora, uno por uno. ¿Mateo?
- ¿Tiene un libro, por favor?
- Sí, Mateo. Toma.
- Gracias.

- ¿Cristina?
- No entiendo. ¿Puede repetir, por favor?

- Sí, claro, Cristina. Mira la página 13 del libro y completa las frases. ¡Son de miedo! ¡Ja, ja, ja!
- Gracias.

- Ahora, Pablo. ¿Qué te pasa?
- ¿Cómo se dice 'papel'?
- Se dice 'paper'.
- Necesito papel.
- No, Pablo, 'I need some paper'.
- Yo también.

2 *Escucha la cinta otra vez y completa las frases con las palabras apropiadas. (AT1/4, AT4/2)*

Listening/Writing. Pupils listen to the tape again and match the beginnings and ends of the sentences.

Answers: Mateo necesita un libro; Cristina no entiende; David quiere ir a los servicios; Pablo no tiene papel

Gramática

In Spanish you can address a person in two ways. When you talk to a friend you say: *¿Tienes un libro?* This is called the **tú** form.

When you talk to a teacher you use the polite form: *¿Tiene un libro?* This is called the **usted** form. In writing *usted* is often abbeviated to *Ud.* or *Vd.*

3 *Elige la frase apropiada para cada dibujo. (AT3/2)*

Reading. Pupils match up each drawing with the appropriate sentence.

Answers: **A2 B1 C3 D1 E2 F2**

4 *Escribe una frase apropiada para este dibujo. (AT4/2–3)*

Writing. Pupils write an apppropriate sentence to go with the drawing.

Suggested answer: ¡Necesito ayuda!

Role play

In small groups, pupils make up their own version of the horror class, using the sentences and drawings from this unit.

Information technology

Pupils use a wordprocessing package to make labels or posters of all the 'help' sentences learnt so far in this unit. For example:

Necesito ayuda. No entiendo. Préstame un lápiz. ¿Puede repetir, por favor? Quiero ir a los servicios. He terminado. ¿Qué hago ahora? ¿Cómo se dice…?

Encourage pupils to use different fonts. Display the results on the walls, where pupils can easily see them.

H **Hoja de trabajo 27**

Picture cards. Using the cards as pretend objects, pupils work in pairs to practise *No tengo libro, Necesito una silla, Préstame un bolígrafo por favor,* etc.

H **Hoja de trabajo 28**

This is a board for a Snakes and Ladders game.

C **Cuaderno page 15**

1 *Elige las frases apropiadas para cada dibujo y escríbelas en los espacios. (AT4/2)*

Reading/Writing. Pupils fill in the speech bubble for each drawing with the most appropriate sentence from the list.

Answers: **1** Necesito ayuda **2** Quiero ir a los servicios **3** ¿Tiene un libro, por favor? **4** He terminado. ¿Qué hago ahora? **5** No entiendo. ¿Puede repetir, por favor? **6** Préstame un bolígrafo. **7** ¿Cómo se dice 'socorro'? No sé.

2 *Haz un dibujo para ilustrar una de las frases del ejercicio 1. (AT3/2)*

Pupils draw a cartoon to illustrate any one of the sentences in Activity 1.

6 *¿Qué pasa con Felipe?* (Pupil's Book pages 32–33)

Main topics and objectives
- Revision

Structures
Abrid los libros
Cierra la puerta
Escribid el título y la fecha
Levantaos
No tengo…
Pon el chicle en la papelera
Sentaos
Te invito…
Toma papel

Vocabulary
el chicle
¡estupendo!
silencio
simpático/a

Resources
Cassette A Side B
Cuaderno page 16
Hoja de trabajo 29

AL COLEGIO

1 *Escucha la cinta. (AT1/4, AT3/4)*

Listening/Reading. Pupils read the photo story in small groups. Ask them to answer the following questions in their groups.

1 Felipe ha olvidado traer cuatro cosas consigo. ¿Qué son?
2 ¿Por qué no le gusta el inglés?
3 ¿Qué tiene que poner en la papelera?
4 ¿Qué piensa Pili de Felipe?

Answers: **1** el libro, el cuaderno, el bolígrafo, los deberes **2** porque es difícil **3** el chicle **4** que es muy simpático

Ask pupils to write and perform their own versions of the photo story.

- Buenos días. Sentaos.
- Buenos días, señorita Jiménez.
- Perdón, señorita.
- Felipe, ¡cierra la puerta!
- Abrid los libros en la página 6.
- Señorita, no tengo libro.
- Toma.
- Escribid el título y la fecha.
- ¡Señorita, no tengo cuaderno!
- ¡Qué! Toma papel.
- Pili, ¿tienes un bolígrafo?
- ¡Silencio! Escucha la cinta.
- Pili, no entiendo.
- ¡Shhh! ¿Qué pasa ahora, Felipe? Mira el libro.
- Necesito ayuda. (No me gusta el inglés, es difícil.)
- Felipe, en inglés: lunes, martes, miércoles, jueves, viernes, sábado y domingo.
- No sé.
- Felipe, pon el chicle en la papelera.
- Perdón, señorita.
- Ahora los deberes.
- Señorita, no tengo los deberes.
- ¡¿Qué?!
- Levantaos. Hasta mañana, clase.
- ¿A qué hora tienes la comida?
- A las dos y veinte.
- Estupendo, te invito a un café; eres muy simpático.

H Hoja de trabajo 29

1 *Escucha la cinta. Empareja las frases en la cinta con los dibujos. (AT1/2, AT3/2)*

Listening/Reading. Pupils listen to the tape and match the phrases they hear to the drawings.

Answers: **a**3 **b**1 **c**5 **d**2 **e**6 **f**7 **g**4 **h**8

1 – ¿Está claro?
 – Sí, está claro.
2 – ¡Me repite, por favor!
 – ¡Otra vez!
3 – Escribid la fecha.
4 – Levantaos, por favor.
5 – Sentaos, por favor.
6 – ¿Estáis listos?
 – No, no …
7 – Tira el chicle a la basura.
8 – ¡Muy bien!

2 *Practica las frases con tus amigos.*

Speaking. Working in pairs, pupils practise the phrases from Activity 1.

C Cuaderno page 16

1 *Elige las frases más adecuadas de la lista y rellena los espacios en blanco. (AT3/2, AT4/2)*

Reading/Writing. Pupils look at the drawings, choose the most appropriate phrases from the list and write them in the spaces provided.

Answers: Buenas tardes; Cierra la puerta; No tengo bolígrafo; Toma/Gracias; Escuchad la cinta; No tengo los deberes/¡Qué!; Levantaos/Te invito a una Coca Cola

7 ¿Cómo es tu instituto? (Pupil's Book pages 34–35)

Main topics and objectives
- Describing your school
- Understanding a plan of a school

Other aims
- Revising:
  Me llamo...
  Vivo en...
  Tengo... años

Structures
Voy a un instituto de secundaria
(En mi instituto) hay...
Es...

Vocabulary
el aula
la biblioteca
la cancha/el campo de fútbol
el laboratorio (para ciencias)
la sala de gimnasia

el instituto
el uniforme

femenino
masculino
mixto

Resources
Cassette A Side B
Cuaderno page 17
Hoja de trabajo 30

---

1 *Escucha la entrevista con Priscilla Rojas y mira las fotos. Luego marca las casillas apropiadas. (AT1/4, AT4/2–3)*

[H] Listening. Pupils listen to the interview with Priscilla Rojas and look at the photos. They then mark the appropriate boxes in the grid on **Hoja de trabajo 30** (Activity 1).

Vais a escuchar a Priscilla Rojas que habla de su instituto en Costa Rica. Mientras escucháis la cinta, mirad las fotos en la página 34. Luego marcad las casillas apropiadas.

Writing. Ask pupils to listen to the tape again and complete the sentences on **Hoja de trabajo 30** (Activity 2).

Answers: 15; se llama; de secundaria; mixto; aulas, un laboratorio para ciencias; una biblioteca y canchas de fútbol

– ¡Hola! ¿Cómo te llamas?
– Me llamo Priscilla Rojas.
– ¿Dónde vives?
– Vivo en Costa Rica en Centroamérica.
– ¿Cuántos años tienes?
– Tengo 15 años.
– ¿Cómo se llama tu instituto?
– Mi instituto se llama el Liceo Laboratorio.
– ¿Es femenino o mixto tu instituto?
– Es mixto.
– ¿Hay uniforme?
– Sí, hay uniforme.
– ¿Qué hay en tu instituto?
– Hay aulas, un laboratorio para ciencias, una biblioteca con muchos libros y hay canchas de fútbol.

Socorro
This gives a brief summary of the Spanish educational system (for more details see background information above).

2 *Trabaja con tu pareja. (AT2/3–4)*

Speaking. Working in pairs, pupils practise asking and answering the questions:
– ¿Cómo se llama tu instituto?
– Mi instituto se llama...

3 *Escucha la entrevista con Elena y elige las respuestas correctas. (AT1/4, AT3/2)*

Listening/Reading. Pupils listen to the interview with Elena and then select the correct answer to the multiple choice questions.

Escuchad la entrevista con Elena y elegid las respuestas correctas.

Answers: **A1 B2 C1 D2 E3**

AL COLEGIO

H Then, using **Hoja de trabajo 30** (Activity 3), pupils write 'true' or 'false' next to each sentence. They also correct the false ones.

Answers: **a** falso. Vive en Caracas **b** cierto **c** falso. Va a un instituto mixto **d** falso. No hay uniforme **e** cierto **f** falso. Llega a las ocho de la mañana

- ¡Hola! ¿Cómo te llamas?
- ¡Hola! Me llamo Elena.
- ¿Dónde vives?
- Vivo en Caracas.
- ¿Cuántos años tienes?
- Tengo 14 años.
- ¿Vas a un instituto femenino?
- No, voy a un instituto mixto.
- ¿Hay uniforme?
- No, no hay uniforme.
- ¿Cómo vas al instituto?
- Voy en coche.
- ¿A qué hora llegas al instituto?
- Llego a las ocho de la mañana.

4 *Dibuja un plano de tu instituto. (AT4/1–2)*

Writing. Pupils draw and label a plan of their school.

5 *Elige las frases que corresponden a tu instituto. (AT4/2)*

Reading/Writing. Ask pupils to choose and write sentences from the grid which describe their own school.

Escribid las frases que corresponden a vuestro instituto.

6 *¿Cuántas frases puedes escribir sobre tu instituto usando 'Hay/No hay…'? (AT4/2–3)*

Writing. Pupils write as many sentences as they can about their school using *hay/no hay …* . See who can write the most sentences.

Los deberes (AT4/1–2)

Ask pupils to design their ideal school campus and label it.

C **Cuaderno page 17**

1 *Escribe sobre tu instituto. (AT4/3)*

Writing. Pupils write about their school by completing the sentences with appropriate words.

2 *¿Qué es importante en el instituto? Escribe las frases en orden de importancia. (1 = muy importante.) (AT3/2, AT4/2)*

Reading/Writing. Pupils write the sentences in what they consider to be the order of importance (1 = most important).

Resumen (Pupil's Book page 36)

This is a summary of the language in Tema 2.	**Resources** Cuaderno pages 18 & 19 Hoja de trabajo 31 (Tema 2 Gramática)

H **Hoja de trabajo 31**

1 *¿Qué hora es? Completa las frases.*

Telling the time. Pupils look at the six clocks and complete the phrases.

Answers: (**a** es/Es **b** Son) **c** Son **d** Es la una y cuarto **e** Son las nueve y cinco **f** Es la una menos diez

2 *¿A qué hora…?*

Saying at what time. Pupils look at the clocks and write in the correct times.

Answers: **a** a las nueve **b** a las diez y diez **c** a la una **d** a las cuatro y veinte **e** a las doce menos diez

3 *Completa las frases con las palabras apropiadas.*

Tener. Pupils fill in the speech bubbles with the appropriate form of *tener* from the list provided.

Answers: **a** Tienes **b** tengo **c** tiene

4 *¿Qué asignaturas te gustan? ¿Qué asignaturas no te gustan? Escribe 'Me gustan/No me gustan' (para palabras en plural como matemáticas) o 'Me gusta/No me gusta' (para palabras en singular como el español, el dibujo).*

Gustar. Pupils complete the sentences by writing *Me gusta(n)/No me gusta(n)*, using the singular and plural of *gustar* appropriately.

C **Cuaderno pages 18 & 19**

1 *Escribe las palabras apropiadas en los espacios. (AT3/3, AT4/1)*

Reading/Writing. Pupils select the correct words from the box and write them in the spaces.

Answers: mixto; uniforme; en moto; a las ocho y media; informática; geografía; biblioteca; ciencias; gimnasia

2 *¿Qué tipo de estudiante eres? Contesta las preguntas y sigue las líneas en la página 19. ¿A qué número llegas? Lee el análisis de tu número para ver qué tipo de estudiante eres. (AT3/2)*

Reading. Pupils answer the questions on page 19 and follow the lines to see what number they arrive at. They then read the analysis of that number to see what kind of pupil they are.

Prepárate (Pupil's Book page 37)

Resources

Cassette A Side B
Hoja de trabajo 32

A Escucha

1 *¿Qué hora es? Empareja las horas de los relojes con las horas que oyes en la cinta. (AT1/2)*

[H] Pupils find the clocks that show the times they hear on tape, writing their answers on **Hoja de trabajo 32**.

1 Las nueve y veinte
2 Las tres y cuarto
3 Las seis y cinco
4 La una y media
5 Las dos menos diez

Answers: **A**2 **B**4 **F**5 **G**1 **H**3

2 *¿Qué asignaturas les gustan a estos jóvenes? (AT1/3)*

[H] Pupils write down what subjects the six students like on **Hoja de trabajo 32**.

Answers: Miguel: matemáticas, ciencias; Nicolás: informática; Esperanza: geografía, historia; Pilar: inglés, francés; Montse: educación física; Andrés: dibujo, música

– Hola. Me llamo Miguel. Me gustan mucho las matemáticas y las ciencias.
– ¿Qué tal? Me llamo Nicolás. Me gusta la informática.
– Me llamo Esperanza. Me gustan la geografía y la historia, no me gustan nada las ciencias.
– Hola. Me llamo Pilar. Me gustan el inglés y el francés.
– Me llamo Montse. No me gusta nada el dibujo. Me gusta mucho la educación física.
– ¿Qué tal? Me llamo Andrés. No me gusta nada la tecnología pero me gusta el dibujo. ¡Ah! y la música, me gusta mucho la música.

AL COLEGIO

B Habla

1 *Trabaja con tu pareja. Empareja las frases. (AT3/2)*

Working in pairs, pupils match up the questions with their answers.

Answers: **1**f **2**g **3**a **4**c **5**e **6**d **7**b

2 *Contesta las mismas preguntas. (AT2/2–3)*

Working in pairs, pupils now ask and answer the questions with reference to themselves.

C Lee

1 *Mira el horario de Merce y contesta las preguntas. (AT3/2)*

Pupils use the timetable to answer the questions.

Answers: **1** a las nueve **2** a las cuatro y veinte **3** a las diez y diez **4** a la una **5** educación física **8** a las cinco y media

D Escribe

1 *Dibuja tu horario. (AT4/1–2)*

[H] Pupils draw and label their own timetables using **Hoja de trabajo 32**.

Tema 2 Prueba

A Escucha

1 *Escucha la cinta y escribe un número del uno al cinco para cada dibujo para indicar el orden en que se mencionan las cosas. (AT1/1)*

Pupils number each drawing to indicate the order in which the five classroom objects are mentioned on the tape.

Answers: **1**e **2**d **3**a **4**b **5**c

> 1 En mi clase hay una pizarra.
> 2 No tengo cuaderno.
> 3 Préstame un bolígrafo, por favor.
> 4 ¿Cómo se dice 'libro' en inglés?
> 5 No tengo papel.

Total: 5 marks

2 *Escucha la cinta y marca las asignaturas favoritas de los chicos. (AT1/3)*

Pupils tick the four students' favourite subjects.

Answers: Juan: geografía/francés; Maite: matemáticas/ciencias; Felipe: informática/educación física; Nuria: historia/inglés

> – ¡Hola! ¿Cómo te llamas?
> – Me llamo Juan.
> – ¿Qué asignaturas te gustan?
> – Me gustan la geografía y el francés.
>
> – ¡Hola! ¿Cómo te llamas?
> – Me llamo Maite.
> – ¿Qué asignaturas te gustan?
> – Me gustan las matemáticas y las ciencias
>
> – ¡Hola! ¿Cómo te llamas?
> – Me llamo Felipe.
> – ¿Qué asignaturas te gustan?
> – Me gustan la informática y la educación física.
>
> – ¡Hola! ¿Qué tal? ¿Cómo te llamas?
> – Me llamo Nuria.
> – ¿Qué asignaturas te gustan, Nuria?
> – Me gustan la historia y el inglés.

Total: 8 marks

B Habla

1 *Trabaja con tu pareja. Pregunta y contesta. (AT2/1)*

Pupils work with a partner. They take turns to ask and answer the questions *¿Qué asignaturas te gustan? ¿Por qué?*

1 mark for saying *Me gusta/Me gustan*, plus 1 mark for making *gusta(n)* agree correctly with singular/plural nouns
2 marks for mentioning two school subjects
2 marks for saying why they like these subjects

Total: 6 marks

57

2 *Trabaja con tu pareja. Imagina que no tienes las cosas de los dibujos. Pídelas a tu pareja. (AT2/2)*

Pupils work with a partner. They each ask to borrow the five classroom items in the drawings.
Préstame..., por favor.

Answers: Préstame tu bolígrafo/libro/cuaderno/regla/goma, por favor.

Total: 5 marks

C Lee

1 *Empareja las preguntas con las respuestas apropiadas. (AT3/1)*

Pupils match the answers to the questions by writing the correct number in the boxes.

Answers: **1** Voy en autobús **2** Me gustan la historia y el inglés **3** El viernes tengo ciencias, francés, geografía y educación física **4** Tengo matemáticas a las 10.30 **5** Se dice 'papel'

Total: 5 marks

2 *Mira el horario y luego decide si son verdaderas o falsas las frases. (AT3/2)*

Pupils look at the school timetable and decide whether the five statements are true *(verdadero)* or false *(falso)*.

Answers: **1** true **2** false **3** true **4** false **5** true

Total: 5 marks

D Escribe

1 *Escribe una lista de cinco cosas que hay en tu clase. Empieza así: (AT4/1)*

Pupils write a list of five things in their classroom. They start the sentence: *En mi clase hay...*

Total: 5 marks

2 *Escribe cinco frases para describir los aspectos buenos de tu instituto o colegio, empleando palabras como: En mi colegio/instituto hay...; Mi colegio es/no es... (AT4/3)*

Pupils write five sentences to describe the good things about their school.

Total: 5 marks

Maximum marks for Test: 44 marks

Tema 3: En casa *(Pupil's Book pages 38–55)*

Unidad	Main topics and functions	Programme of Study Part I	Programme of Study Part II	Grammar
El álbum de fotos (pp. 38–39)	Talking about your family Looking at a family tree	2g, 2l	B	¿Cómo se llaman tus padres? Se llaman... ¿Tienes hermanos? Tengo un/una... Soy hijo/a único/a
Los colores y tú (pp. 40–41)	Descriptions: eyes, hair, skin Introducing colours	1h, 2i	B	Soy moreno/a Tengo la piel negra Tengo el pelo castaño Tengo los ojos verdes
¿Cómo eres? (pp. 42–43)	Descriptions: hair style, height, build Describing someone else	1i, 1j	B	Revising 1st & 2nd persons singular of *tener* & *ser* Tengo el pelo corto/ largo Soy alto/a
¿Tienes un animal? (pp. 44–45)	Talking about your pets	1c, 2d	B	3rd person singular ¿Tienes un animal en casa? Tengo un/una/dos... ¿Cómo es/son? Es/Son...
Animales del mundo hispano (pp. 46–47)	Introducing exotic animals Reading practice (Revision)	1g, 2j	C	
¿Dónde vives? (pp. 48–49)	Saying where you live and where somebody else lives	1a, 4d	C	¿Dónde vives? Vivo en un/una...
¿Cómo es tu casa? (pp. 50–51)	Describing your house	1c, 2i	C	¿Cómo es tu casa? Es... Hay... Present tense of *tener*
Mi pueblo (pp. 52–53)	Saying where you live Describing where you live Points of the compass	2a, 2e	C	Present tense, 3rd person singular of *vivir* ¿Dónde vives/vive? Vivo/Vive cerca del mar
Resumen (p. 54)	Revision			
Prepárate (p. 55)	Revision (practice test)			

1 El álbum de fotos (Pupil's Book pages 38–39)

Main topics and objectives

- Talking about your family
- Looking at a family tree

Structures

¿Cómo se llaman tus padres?
Se llaman...
¿Tienes hermanos?
Tengo un hermano/una hermana
No tengo hermanos
Soy hijo único/hija única

Vocabulary

abuelo/abuela
bisabuelo/bisabuela
hermanastro/hermanastra
hermano/hermana/hermanos
hijo/hija
marido/mujer
padrastro/madrastra
padre/madre/padres
primo/prima
tatarabuelo/tatarabuela
tío/tía

mayor
menor

Resources

Cassette B Side A
Cuaderno page 20
Hojas de trabajo 33
                  34
                  35
Flashcard 25

Background information: the Spanish Royal Family

The last Habsburg monarch of Spain died in 1700 without a successor and the ensuing War of the Spanish Succession brought the Bourbons to the Spanish throne. The monarchy was seldom stable; during 123 years of turmoil, two rulers were forced to abandon the throne. Queen Isabel was exiled and replaced briefly by a member of the Italian royal family; he abdicated and was followed by a fragile Republic. Finally Queen Isabel's son, Alfonso, was invited to accept the crown. His son Alfonso XIII, who married Queen Victoria's daughter Victoria Eugenia, was also forced to flee the country and live in exile. His two eldest sons both gave up their claim to the throne, the eldest because he married a Cuban and the second because he was deaf. The third son, Juan (Don Juan), Count of Barcelona, became the legitimate heir. During the Spanish Civil War he tried to enter Spain to join the Nationalist forces; 'reluctant' to risk the heir to the throne, they sent him back.

After the Civil War, General Franco became Head of State until his death in 1975. The Law of Succession to the Headship of State, passed after the Civil War, gave General Franco the right to name his successor. He named Don Juan's son, Juan Carlos. Juan Carlos had been educated in Spain at school, the military academy and university, being groomed to become the King of Spain after Franco's death.

1a *Mira el árbol familiar de la Familia Real española. (AT3/2)*

Pupils look at the family tree of the Spanish Royal Family on page 38.

1b *Escucha la cinta. ¿Quién habla? (AT1/4)*

Listening. Pupils listen to Fernando interviewing Cristina *(la Infanta de España)*. She shows him her family album. Pupils look at these photos while listening and work out which member of the Royal Family is speaking, before Cristina reveals her identity at the end.

- ¿Cómo se llaman tus padres?
- Mis padres se llaman Juan Carlos y Sofía.
- ¿Tienes hermanos o hermanas?
- Sí, tengo un hermano mayor. Se llama Felipe. Tengo una hermana mayor que se llama Elena. No tengo hermanas menores.
- ¿Tienes abuelos?
- Ésta es una foto de mis abuelos en 1906. Y ésta es una foto de mi tatarabuela.
- ¿Tienes tíos?

EN CASA

– No tengo tíos españoles, mi padre no tiene hermanos. Es hijo único.
– ¿Y quién es éste?
– Es un primo inglés.

– ¿Quién es ésta?
– Ésta soy yo. Me llamo Cristina. Soy Infanta de España.

2 *Imagina que eres una persona famosa. Habla de tu familia con tu pareja. (AT2/3–4)*

Speaking. Pupils use the speech bubbles at the top of page 39. They imagine they are a famous person and talk about their family with a partner.

Imaginad que sois famosos. Hablad de vuestra familia con vuestra pareja.

3a *Escucha la cinta y completa la ficha. (AT1/3)*

[H] Listening/Writing. Pupils listen to the tape and fill in the grid on **Hoja de trabajo 33** (Activity 1) with the family details.

Completad la ficha con los detalles de las familias.

– Hola, soy Javier. Vivo con mi madre Lucía, mi padrastro Roberto y mis hermanastros.
– Hola, me llamo Patricio. Vivo con mi madre Mercé y su marido Pepe. Pepe es mi padrastro.
– Me llamo Paquita. Vivo con mi madre. Soy hija única pero tengo dos hermanastros, Juanito y Madalena.
– Yo me llamo José. Mi padre vive con su mujer, Sonia, que es mi madrastra, y sus hijas, mis hermanastras, que se llaman Lucía y Cecilia.

Socorro

This gives the family vocabulary in English and Spanish.

3b *Dibuja tu árbol familiar. (AT4/1–2)*

Writing. Pupils draw their own family tree.

Dibujad vuestro árbol familiar.

3c *Describe tu árbol familiar a tu pareja. (AT2/2–4)*

Speaking. Pupils describe their family tree to their partner. Example:

En mi familia hay mi madre, mi padre, mi hermano y yo. Vivo con mis padres. Mi madre se llama Pilar. Mi padre se llama Esteban. Tengo un hermano mayor. Se llama Pablo.

[H] **Hoja de trabajo 34**

1 *Entrevista a tu pareja y a tu clase. ¿Cuántas fichas puedes rellenar? (AT2/4)*

Speaking. Pupils interview classmates about themselves and their family, filling in the forms on the page.

[H] **Hoja de trabajo 35**

Imagina que eres Andrés/Laura. Pregunta a tu pareja. (AT2/3)

Pairwork speaking activity. Pupils ask each other questions to elicit the information and fill in the forms.

[C] **Cuaderno page 20**

1 *Pega fotos o dibuja a tu familia en este espacio. Escribe una frase para cada foto o dibujo. Elige las palabras apropiadas de la lista. (AT4/2–3)*

Writing. Pupils stick in photos or draw a picture of their family. They write a sentence for each picture.

2 Los colores y tú *(Pupil's Book pages 40–41)*

Main topics and objectives

- Describing the colour of your eyes, hair and skin
- Introducing colours

Other aims

- Using agreement of colour adjectives

Structures

Soy moreno/a etc.
Tengo la piel…
Tengo el pelo…
Tengo los ojos…

Vocabulary

blanco/a
mestizo/a
moreno/a
negro/a
pelirrojo/a
rubio/a

el pelo   castaño
negro
rubio

los ojos   azules
castaños
marrones
negros
verdes

el color
el amarillo
el azul
el blanco
el gris
el marrón
el morado
el naranja
el negro
la púrpura
el rojo
el verde

preferido

Resources

Cassette B Side A
Cuaderno page 21
Hoja de trabajo 36

Background information: racial mix in the Spanish-speaking world

Spain

The predominant racial mix in Spain derives from the Romans, Franks and Visigoths. In the south there is a strong North African influence.
Basques: Indo-European, Caucasian. Resisted influence from the predominant groups.
Catalans: Romanized
Galicians: Celtic

Latin America

Influences mostly from indigenous tribes dating back thousands of years. The hundreds of present-day tribes include the Maya, Quechua, Otovaleño, Maca, Yanomani, Colorado and Guarani. Those of mixed Spanish and native South American race are called *mestizos*. Due to immigration since the 18th century, Argentina is a special case. There are many racial influences, including Welsh/Celtic, Irish, Germanic, Arab and Italian.

1 *Escucha la cinta y lee las descripciones. Escribe los números de las personas en el orden en que hablan. (AT1/3, AT3/3)*

Listening/Reading. Pupils listen to the six people on page 40 describing themselves. They write down the numbers of the people in the order in which they speak.

Escribid los números de las personas en el orden en que hablan.

Answers: 6, 4, 5, 2, 3, 1

– Me llamo Sergio. Soy mestizo. Tengo el pelo castaño y los ojos marrones. Mis colores preferidos son el gris y el blanco.
– Me llamo Daniel. Soy pelirrojo y tengo los ojos verdes. Mis colores preferidos son el verde y el azul.

EN CASA

– Mi nombre es Claudia. Tengo el pelo castaño y los ojos castaños. Mis colores preferidos son el naranja y el marrón.
– Me llamo Patricio. Soy rubio y tengo los ojos azules. Mis colores preferidos son el azul y el negro.
– Me llamo Sonia. Soy negra. Tengo el pelo negro y los ojos negros. Mis colores preferidos son el amarillo y el rojo.
– Me llamo Lucía. Soy morena. Tengo el pelo negro y los ojos marrones. Mis colores preferidos son el rojo y el morado.

Gramática

In Spanish, the endings of the words you use to talk about the colour of your skin, hair and eyes change. For example: *la piel negra* (black skin), *el pelo negro* (black hair), *los ojos negros* (dark eyes). The grid on page 41 will help pupils to describe themselves.

2 *Trabaja con tu pareja. Imagina que eres una de las personas de las fotos. Descríbete. Tu pareja tiene que adivinar quién eres. (AT2/3)*

Speaking. Pupils take the role of one of the people in the photos and describe themselves. Their partner has to guess who they are pretending to be. They can use the grid on page 41 for help.

Imagina que eres una de las personas de las fotos. Descríbete. Tu pareja tiene que adivinar quién eres.

3 *Ahora descríbete a tu pareja. Elige las palabras apropiadas. (AT2/3)*

Speaking. Pupils take turns to describe themselves. They can use the grid for help.

Point out how Spanish people describe themselves by their skin or hair colour. *Soy moreno/morena* is how an olive-skinned or black person will describe him or herself. It also implies dark hair. A fair-skinned, light-haired person would be described as *rubio/rubia*. A redhead would be *pelirrojo/a*.

You can practise colours by holding up different coloured items such as felt tip pens and having the pupils repeat the colours with you. Afterwards ask them to find coloured items in their pencil cases.

4 *¿Qué te dicen los colores? Elige las palabras apropiadas para cada color. (AT3/1, AT4/2)*

Reading/Writing. Here pupils have to decide what the colours mean to them. They can choose a suitable adjective from the list on page 41. Example:
– *El azul es tranquilo.*
– *El negro es melancólico.*

Pupils may give their own opinions on colours and what they suggest to them. They can compare their lists with each other. Ask them to compile a chart of colours and adjectives for the classroom.

5 *Trabaja con tu pareja. (AT2/2)*

Speaking. Pupils ask each other what their favourite colour is.
– *¿Cuál es tu color preferido?*
– *Mi color preferido es el rojo.*

H Hoja de trabajo 36

1 *Escucha la cinta y marca las características de cada persona. (AT1/3)*

Listening. Pupils tick the grid to note the details given by the speakers.

– ¡Hola! Me llamo Estrella. Soy morena y tengo el pelo negro. Tengo los ojos verdes.
– ¡Hola! Me llamo Gabriel. Soy negro. Tengo el pelo negro.
– Me llamo David. Soy pelirrojo y tengo los ojos azules.
– ¡Hola! ¿Qué tal? Me llamo Esther. Soy rubia. Tengo el pelo rubio y los ojos castaños.
– ¡Hola! Me llamo Patricia. Soy mestiza. Tengo el pelo negro y los ojos castaños.

2 *Ahora mira las descripciones de cada persona y escribe los nombres correctos en los espacios. (AT3/1)*

Reading. Using the information from Activity 1, pupils match the names to the pictures.

Answers: (left to right) Gabriel, Estrella, David, Esther, Patricia

3 *Escribe una descripción de uno de los chicos en el dibujo. (AT4/2–3)*

Writing. Pupils choose one of the people in the picture and write a description.

C **Cuaderno page 21**

1 *Escribe los colores en el crucigrama. (AT4/1)*

Writing. Pupils write the colours in the crossword grid.

Answer:

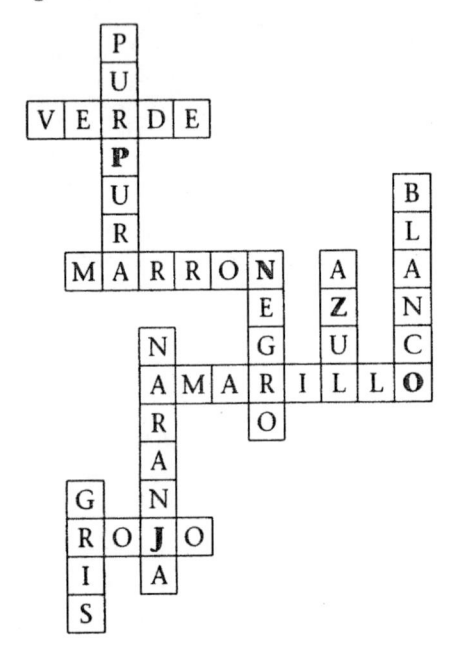

```
        P
        U
    V E R D E
        P
        U         B
        R         L
    M A R R O N A A
          E   Z N
        N G U C
        A M A R I L L O
        R     O
        A
      G N
      R O J O
      I   A
      S
```

2 *¿Cómo son tus amigos? Escribe sus nombres y marca las casillas apropiadas. (AT3/1)*

Reading. Pupils write the names of their friends in the boxes and then tick their colourings under the boxes for skin, hair and eyes.

3 *Ahora escribe sobre tus amigos, empleando la información del ejercicio 2. (AT4/3)*

Writing. Pupils now write sentences about their friends, using the information from Activity 2.

Information technology
Pupils invent a character for themselves. They draw the person on the computer using Paintspa/Paintbox. Underneath they write a simple description. Example:

Hola, me llamo… Soy moreno. Tengo el pelo negro. Tengo los ojos negros.

Pupils could write a simple letter to a pen pal. Form a link with another school so that they can write real letters. Address of pen pal association: The International Pen Friend Service, 10015 Ivrea, Italy.

3 *¿Cómo eres?* (Pupil's Book pages 42–43)

Main topics and objectives

- Describing your hair style, height and build
- Describing somebody else

Other aims

- Revising 1st and 2nd persons singular of *tener* and *ser*

Structures

Tengo/Tiene el pelo…
Soy alto/a etc.

Vocabulary

corto
largo
liso
rapado
rizado

alto/a
bajo/a
delgado/a
gordo/a

Resources

Cassette B Side A
Cuaderno page 22
Hoja de trabajo 37
Flashcards 26–29

EN CASA

1 *Escucha la cinta y mira los dibujos. ¿Cómo es el pelo de Fernando? (AT1/3, AT4/2)*

Listening/Writing. Pupils listen to the tape and look at the cartoons showing four people before and after a visit to the hairdresser. Fernando's picture isn't labelled. Pupils have to describe his hair before and after, using the first three pictures to help them.

Mirad los dibujos en la página 42. Cuatro personas van al peluquero. ¿Cómo es el pelo de ... antes de ir al peluquero y después?

Answer: Antes: corto y liso; Después: corto y rizado

- ¡Hola! Me llamo Carmen. Tengo el pelo corto y liso.
  ¡Qué bien! ¡Tengo el pelo largo y rizado!
- ¡Hola! Me llamo Ariel. Tengo el pelo largo y rizado.
  Y ahora... tengo el pelo rapado.
- Me llamo Diana. Tengo el pelo largo y liso. Y ahora, una hora después, tengo el pelo corto y rizado.
- ¡Hola! Soy Fernando.
  ¡Ay, no, mi pelo es un desastre!

2 *Trabaja con tu pareja. Describe tu pelo. (AT2/2)*

Speaking. Working with a partner, pupils describe their hair. Example:
Tengo el pelo largo y liso.

3 *Describe el pelo de una persona de tu clase. (AT2/2)*

Speaking. A pupil describes the hair of somebody in the class. The others have to guess who is being talked about. Example:

John, describe el pelo de una persona de esta clase.

– Tiene el pelo largo y liso.
– ¡Soy yo!

4 *Pregunta a tu pareja. (AT2/2–3)*

Speaking. Pupils use the cartoons on page 42 to ask and answer questions about their height and build.

Sois las personas de los dibujos de la página 42. Tenéis que describir cómo sois.

– ¿Eres alta o baja?
– Soy baja.
– ¿Eres gorda o delgada?
– Soy delgada.

5 *Lee las descripciones y busca las personas en el dibujo. (AT3/2–3)*

Reading. Pupils look at the picture and read the descriptions. They write down the letter of the person that fits each description.

Mirad los dibujos y escribid la letra de la persona que va con la descripción.

Answers: Sofía C Rafael A Felisa D Natalia E Ernesto B

6 *Lee las cartas y escribe una descripción similar de ti mismo. (AT3/3, AT4/2–3)*

Reading/Writing. Pupils read the letters on page 43 and write a similar description of themselves.

Escribid una descripción de vosotros mismos.

Collect the written descriptions and number them. (N.B. Tell pupils not to write their names on the paper.) List the names of the people alongside the numbers. Hand out the descriptions to the class and have pupils guess the identity of the person whose description they have.

Team game
Each team takes it in turns to describe somebody famous. The other side has to guess who it is.

H Hoja de trabajo 37

1 *Lee las descripciones y empareja las personas compatibles. (AT3/3)*

Reading. Pupils pair up the compatible couples.

Answers: **1**d **2**c **3**b **4**a

2 *Escribe una carta parecida. ¡A ver si encuentras tu chico o tu chica ideal! (AT4/3–4)*

Writing. Pupils write a similar letter describing themselves and saying who they would like to meet. The letters could be collected and matched up to see who has an 'ideal partner'.

C **Cuaderno page 22**

1 *Elige la descripción apropiada para cada persona. (AT3/2)*

Reading. Pupils choose the description that goes with each famous person.

Answers: **1**c **2**d **3**e **4**a **5**b **6**f **7**g

2 *Descríbete. Elige las palabras apropiadas. (AT4/1–2)*

Writing. Pupils choose the most appropriate words to describe themselves.

3 *Pega aquí una foto de una persona famosa. Elige las palabras apropiadas del ejercicio 2 para describir la persona. (AT4/1–2)*

Writing. Pupils stick in the photo of a famous person and choose the best words from Activity 2 to describe him or her.

4 *¿Tienes un animal?* (Pupil's Book pages 44–45)

Main topics and objectives
- Talking about your pets

Other aims
- More descriptions
- Using the 3rd person singular

Structures
¿Tienes un animal en casa?
Tengo un/una/dos…
¿Cómo es/son?
Es simpático/a
Son simpáticos/as

Vocabulary
antipático
bueno
corto
feroz (feroces)
grande
inteligente
joven (jóvenes)
largo
lento
malo
pequeño
rápido
tonto
tranquilo
viejo

el burro
el caballo
el conejillo de Indias
el conejo
el gato
el hámster
la paloma
el periquito
el perro
el pez (peces)
el ratón (ratones)
la serpiente
la tortuga
el tucán (tucanes)

Resources
Cassette B Side A
Cuaderno page 23
Hojas de trabajo 38
                  39
                  40
Flashcards 30–35

EN CASA

Note that there is ~~no~~ *a* Spanish word that means 'pet'. = MASCOTA

1a Escucha la cinta. (AT1/4)

Listening. Pupils listen to the tape and look at the pictures at the top of page 44. Fernando is interviewing a person from Ecuador about her exotic pets.

Escuchad la entrevista de Fernando con una amiga de Ecuador sobre sus animales.

– ¿Tienes un animal en casa, Carolina?
– Sí, tengo muchos. Tengo dos tortugas.
– ¿Cómo son?
– Las tortugas son pequeñas pero no son simpáticas. Son muy antipáticas. Son feroces. Se llaman Jaws y Orca.
– ¿Cómo se llaman los tucanes?
– Se llaman Pili y Mili. Pili es muy bueno y Mili es muy malo. Generalmente son muy tranquilos.
– Y tengo un perro que se llama Balú. Los perros son inteligentes, pero Balú es tonto.

1b Lee la entrevista con tu pareja. (AT3/3–4)

Reading. In pairs, pupils read the interview together.

1c Pregunta a tu pareja. (AT2/3)

Speaking. Pupils now take turns to ask and answer the questions about Fernando's interview.

Preguntad a vuestra pareja las preguntas sobre la entrevista de la pagina 44.

2 Escucha la cinta. ¿Cuántos animales tiene Fernando? (AT1/3, AT3/3)

Listening/Reading. Pupils now listen to Fernando being interviewed by Carolina and look at the cartoons on page 44.

Escuchad la entrevista con Fernando sobre sus animales.

Talk about pets in Spain. The Spanish have a very different attitude to pets from that in Britain. Animals are mostly regarded as a source of food rather than as pets to look after in the home.

– Fernando, ¿tienes animales en casa?
– Sí, tengo un tucán feroz y dos gatos tranquilos.
  Tengo un caballo rápido y una tortuga lenta.
  Tengo un periquito viejo y un conejo joven.
  Tengo un ratón largo y una serpiente corta.
  Tengo una paloma mala y un burro bueno.
  Tengo seis peces pequeños y un pez grande.

Gramática

This explains how adjectives agree with the noun in both gender and number.

3a Escribe una descripción de los animales en el dibujo. (AT4/2–3)

Writing. Pupils write a description of the animals pictured on page 45. Example: *Hay dos ratones: un ratón blanco y un ratón negro.*

3b Escucha la cinta para ver si es correcta tu descripción. (AT1/4)

Listening. Pupils now listen to the tape to check their description.

Pupils swap descriptions and check each other's.

As a prompt, write the information on the board for pupils to double check. Example: *Hay un gato, dos ratones: un ratón blanco y un ratón negro, un conejo, un periquito, cinco peces, un perro (pequeño).*

– Mira, hay un gato. ¡Qué simpático es!
– Sí sí, un gato y un ratón.
– ¿Un ratón? No, hay dos ratones: un ratón blanco y un ratón negro.
– Y mira allá. ¿Es un conejo o un hámster?
– Es un conejo.
– Ja ja ja, je je je, ji ji ji...
– Oye, ¿qué te pasa?
– Mira... Ja ja ja...
– ¿Qué?
– El periquito.
– Ah, sí, es un periquito impresionante.
– Y sabes... hay también cinco peces.
– ¿Dónde?
– Aquí.
– Uno, dos, tres, cuatro y cinco. Sí, tienes razón. Hay cinco peces.
  ¡Ay! ¡Qué miedo! Hay un perro enorme.
– No, ¡qué va! Es un perro pequeño.

4 *Haz una encuesta en tu clase. ¿Cuál es el animal más popular? (AT2/2)*

[H] Speaking/Writing. Pupils carry out a class survey on pets. They write out a list of animals and then ask classmates about their pets. There is guidance for this on **Hoja de trabajo 38** (see below).

– ¿Tienes un animal?
– Sí, tengo un/una…/No tengo animales.

Pupils tick off the animals on their list. At the end of the exercise, tally up the numbers. Example:

perro ✓✓✓✓ 4
conejo ✓✓✓ 3
gato ✓ 1

Information technology
These results could be entered into a database to produce a class bar chart on pets. This will show which pets are the most popular.

[H] **Hoja de trabajo 38**

1 *¿Qué animales tiene la clase Primero B del Instituto Reina Sofía en Badajoz? Escucha la cinta y completa el gráfico. (AT1/4)*

Listening. Pupils listen to a similar survey and complete the graph.

– A los alumnos de la clase Primero B del Instituto Reina Sofía en Badajoz les gustan mucho los animales. Casi todos tienen animales en casa. Éstos son los resultados de una encuesta sobre los animales que tienen los alumnos.
– Los gatos primero. Los gatos son los animales más populares. El 30% de los alumnos tiene gato. El 30%, la mayoría.
– Luego tenemos los perros. El 21% tiene perros en casa. El 21%.
– Yo tengo peces tropicales en casa. ¿Cuántos alumnos tienen peces también?
– Pues el 14%. El 14% tiene peces.
– Los periquitos y los conejos siguen. El 12% de los alumnos tiene periquito en casa. El 12% no es un número pequeño.
– ¿Y los conejos? Pues el 11% tiene conejo. El 11%.
– Después vienen los hámsteres. El 7% tiene hámster. El 7%.
– No hay muchas tortugas. Sólo el 4%. El 4% de los alumnos tiene tortuga.
– Y el 1% tiene caballo. ¡Qué suerte el 1% que tiene caballo!, ¿eh?

2 *Mira los resultados de la encuesta y contesta las preguntas. (AT3/2)*

Reading/Writing. Using the results from Activity 1, pupils answer the questions.

Answers: el gato; el caballo; el periquito; los hámsteres; los caballos

3 *Haz una encuesta en tu clase. (AT2/2)*

Speaking. Pupils carry out their own class survey on pets.

4 *Compara tus resultados con los resultados de la clase española. ¿Cuál es el animal más popular?*

They compare their results with those of the Spanish class in Activity 1.

Mini test (AT2/2–3)

This covers personal descriptions, the family and pets.

[H] **Hojas de trabajo 39 & 40**

These sheets can be cut up to make a game of animal dominoes. Make enough copies for pupils to play the game in groups of four.

[C] **Cuaderno page 23**

1 *Estas personas han perdido sus perros. Empareja las descripciones con los animales. (AT3/2)*

Reading. Pupils match the descriptions to the dogs.

Answers: **1**b **2**e **3**g **4**c **5**a

2 *Escribe una descripción de tu animal. Puede ser imaginario. (AT4/2–3)*

Writing. Pupils write a description of their own pet. It can be an imaginary one.

EN CASA

5 Animales del mundo hispano
(Pupil's Book pages 46–47)

Main topics and objectives
- Describing exotic animals

Other aims
- Reading practice (consolidation of Units 1–4)

Vocabulary
el caimán
el cóndor
el jaguar
la llama
el mono
el pájaro
el perezoso
el quetzal

Resources
Cassette B Side A
Cuaderno page 24
Hoja de trabajo 41

Pupils are introduced to animals native to Latin America.

1 *Escucha la cinta y mira los dibujos. Escribe los nombres o los números de los animales en el orden en que son mencionados. (AT1/3, AT3/3)*

Listening/Reading. Pupils listen to the tape and look at the pictures of the exotic animals on page 46, writing down their names or numbers in the order in which they are mentioned.

Mirad los dibujos y escribid los nombres/los números de los animales mencionados.

Answers: caimán (3), quetzal (6), perezoso (4), llama (1), jaguar (5), cóndor (2)

- Vive en el río y es feroz.
- Es un pájaro verde y rojo y es de Guatemala.
- Vive en los árboles y no es rápido.
- Es un animal de los Andes. ¿Cómo se llama?
- Es un animal feroz y rápido pero no vive en el río.
- Es un pájaro grande. Vive en Sudamérica.

Vuestra pareja elige un animal. Haced preguntas para descubrir qué animal es.

Los deberes

Pupils find out about a South American animal and produce work for display in the classroom.

2 *Escucha la canción. Escribe las letras de los animales mencionados en la canción. (AT1/4–5)*

Listening. Pupils listen to the song and write down the letters of the animals mentioned in it.

Answers: H, C, F, E

Pupils listen to the song again and this time learn how to sing it.

¡Vamos a cantar! Escuchad la canción otra vez y aprended a cantarla.

En casa tengo un animal.
Es un amigo muy genial.
Es un perro inteligente
Que asusta a la gente.

En casa tengo un animal
Que vive bien en el corral.
Es un caballo negro y blanco
Que se llama Manco y Franco.

En casa tengo un animal
Que vive en mi jardín floral.
Pepino es un buen conejo
Es muy dócil y muy viejo.

En casa tengo un animal.
Es un reptil muy especial.
Adoro mucho a mi serpiente.
Es verde y se llama Vicente.

3 *Elige tu animal favorito y lee el comentario. ¿Tienes las mismas características? (AT3/2)*

Reading. Pupils choose their favourite animal from those pictured on page 47. They compare their own characteristics with those of the animal they have chosen. Do they have the same characteristics as their animal?

H **Hoja de trabajo 41**

1 *Las descripciones de los animales no están en el orden correcto. Empareja los animales con las descripciones. (AT3/2)*

Reading. Introducing some more exotic animals. Pupils pair up the pictures of animals with the descriptions.

Answers: **a** serpiente **b** cocodrilo **c** tortuga **d** periquitos **e** jirafa **f** ratón **g** jaguares

2 *Dibuja y describe un animal en el espacio en blanco. (AT4/3)*

Writing. Pupils draw (or stick in) a picture of an animal and describe it.

C **Cuaderno page 24**

1 *Busca los nombres de todos los animales en el dibujo. (AT3/1)*

Reading. Pupils look for the names of animals in the wordsearch.

Answers: cóndor; llama; perezoso; jaguar; mono; caimán; quetzal; serpiente

2 *Escribe el nombre del animal apropiado en los espacios para completar las frases. (AT3/2–3)*

Writing. Pupils fill in the gaps with the appropriate animal.

Answers: **a** caimán **b** quetzal **c** llama **d** perezoso **e** jaguar **f** cóndor **g** serpiente **h** mono

6 *¿Dónde vives?* (Pupil's Book pages 48–49)

Main topics and objectives
- Saying where you live
- Saying where somebody else lives

Structures
¿Dónde vives?
Vivo en un/una...

Vocabulary
una caravana
una casa
una chabola
un chalet
una finca
una granja
una hacienda
una pensión
un piso

Resources
Cassette B Side A
Cuaderno page 25
Hoja de trabajo 42
Flashcards 36–39

Background information: housing in Spain and Latin America

Spain

People who work in the city usually live in tenement blocks (multi-storey flats reached by a single staircase, often built round a central courtyard); they may also have a holiday home by the sea or in the mountains for the hot summer months.

Latin America

In the big cities most people live centrally in flats. In the more humid parts of Latin America the middle classes live in large, airy houses. Some have holiday/weekend homes called

EN CASA

fincas (which are also farms). The less well-off, usually the indigenous groups, live in traditional dwellings which have remained the same for centuries.
Mountain regions: small, squat, built of adobe (bound mud)
Jungle regions: often built of bamboo and other local plant materials. The walls are thin, cool and airy.
Coastal regions: many houses are built on high stilts to protect them from floods. The domestic animals often live underneath.

Since the 1960s, people have migrated from the country to the larger cities to find work. They surround these cities in ramshackle 'shanty towns' called *chabolas*. Many of these *chabolas* have now been pulled down, to be replaced by high-rise accommodation.

1 Escucha la cinta y mira las fotos. (AT1/3)

Listening. Pupils are introduced to different types of accommodation. They listen to the tape and look at the photos on page 48.

- David, ¿dónde vives?
- Vivo en Madrid.
- ¿Y vives en un piso?
- Sí, en un piso.

- Hola, Guadalupe. ¿Dónde vives?
- Vivo en México.
- ¿Y vives en un piso?
- No, vivo en una casa.

- Asunción, ¿dónde vives? ¿En España?
- Sí, vivo en Asturias, en España.
- ¿Vives en un piso?
- No, vivo en un chalet.

- ¿Dónde vives, Manuel?
- Vivo en una pensión en Torremolinos.

- ¿Dónde vives, Mari Ví?
- Vivo en Andalucía.
- ¿Vives en un piso?
- No, vivo en una granja.

- ¿Qué tal, Osvaldo? ¿Dónde vives?
- Vivo en Perú, en Sudamérica.
- ¿Vives en un piso?
- No, vivo en una chabola.

- Alicia, ¿dónde vives?
- Vivo en Argentina.
- ¿Vives en un piso?
- Vivo en una hacienda.

2a Escucha la cinta. Empareja las casas con las personas. (AT1/3)

Listening. Pupils listen to the tape and look at the pictures of the five houses and four people on page 49. They match the people (lettered) to the houses (numbered).

Emparejad las casas con las personas.

Answers: **A**2 **B**5 **C**1 **D**3

- Me llamo don Pedro Sepúlveda. Soy colombiano. Vivo en Colombia. Vivo en una granja.
- Me llamo doña Juana Trujillo Ruiz y vivo en un chalet. Soy española, de Bilbao.
- ¡Hola! Soy Joaquín Ballester. Vivo en México. Vivo en un piso.
- ¿Qué tal? Me llamo Paquita Allende. Soy chilena, vivo en Chile. Vivo en una finca.

2b Escribe dónde vive cada persona. (AT4/2-3)

Writing. Pupils write down where each person lives (country and type of house).

3 Encuesta. Pregunta a tu clase. (AT2/2-3)

[H] Speaking. Pupils carry out a survey, asking others in the class where they live. They can use the grid on **Hoja de trabajo 42** (Activity 2).
– ¿Dónde vives?
– Vivo en un/una...

[H] Hoja de trabajo 42

1 Empareja los dibujos con los anagramas y escribe la palabra correcta para cada casa. (AT4/2)

Reading/Writing. Pupils decipher the anagrams and match the words to the pictures.

Answers: **1** chalet (f) **2** caravana (e)
3 granja (d) **4** hacienda (a) **5** pensión (b)
6 casa (g) **7** piso (c)

2 See Activity 3 above.

C Cuaderno page 25

1 Lee lo que dicen las personas y mira los dibujos de las casas. Empareja las casas con las personas y rellena los espacios en blanco. (AT3/2)

Reading. Pupils pair up the people with their houses and fill in the blanks.

Answers: **1**a **2**b **3**f **4**d **5**e **6**g

7 ¿Cómo es tu casa? *(Pupil's Book pages 50–51)*

Main topics and objectives
- Describing your house

Other aims
- Learning the verb *tener*

Structures
¿Cómo es tu casa?
Es (muy) pequeña
Es (bastante) grande
Hay…
Tiene dos plantas
Arriba hay…
Abajo hay…

Vocabulary
el aseo
el ático
el balcón
la cocina
el comedor
el cuarto de baño
el despacho
el dormitorio
la escalera
el garaje
la habitación
el jardín
el pasillo
el patio
la piscina
el salón
el salón-comedor
el sótano
la terraza

Resources
Cassette B Side A
Cuaderno page 26
Hojas de trabajo 43
44

1a Escucha la cinta y empareja las personas con los dibujos. (AT1/3)

Listening. Pupils are introduced to four cross-sections of houses (each one lettered) with names of rooms. They listen to the three teenagers describing their homes and match these people to the cross-sections of the houses.

Vais a escuchar a tres jóvenes describiendo sus casas. Emparejad las personas con los dibujos.

Answers: **1**A **2**C **3**B

— David, ¿cómo es tu piso?
— Es pequeño. Tiene dos dormitorios, un salón-comedor, un cuarto de baño y un pasillo. Hay dos terrazas y abajo hay un garaje.

— Guadalupe, ¿cómo es tu casa?
— Es… bastante grande. Tiene dos plantas, un ático y un sótano.
— ¿Qué hay en tu casa?
— Abajo hay una cocina, un comedor, un despacho y un salón.
— Y arriba, ¿qué hay arriba?
— Arriba hay cuatro dormitorios, dos cuartos de baño y un aseo. También tiene una terraza, un balcón, un jardín, un patio, dos garajes y una piscina. Y hay un sótano, un ático, tres pasillos y muchas escaleras.

— Osvaldo, ¿cómo es tu casa?
— Es muy pequeña. Hay una cocina y una habitación. No hay cuarto de baño, ni aseo ni nada.

EN CASA

1b *Describe la casa que no sale en la cinta. (AT4/3–4)*

Writing. Pupils now describe house D, which is not described on tape.

Answer: (example) La casa es bastante pequeña. Tiene dos plantas. Arriba tiene un dormitorio y un cuarto de baño. Abajo hay un salón y una cocina. También hay un jardín y una terraza.

2 *Escucha la cinta. ¿Cómo son las casas de los jóvenes? Rellena la ficha. (AT1/3–4)*

[H] Listening. Pupils listen to five people describing their houses and fill in the grid on **Hoja de Trabajo 43** (Activity 1) with the given details.

Rellenad la ficha con los detalles de las casas de los jóvenes.

- Asunción, ¿cómo es tu chalet?
- Tiene dos plantas y una escalera. Arriba hay un pasillo, tres dormitorios y un cuarto de baño. Abajo hay un salón, una cocina y un comedor. Tiene un jardín muy grande y un balcón.
- ¿Hay garaje?
- No, no hay garaje.

- Manuel, ¿cómo es tu casa?
- Vivo en una pensión. Tiene cuatro escaleras, muchos pasillos, diez dormitorios, cuatro cuartos de baño, tres aseos, una cocina y un salón. Hay cinco balcones pero no hay jardín... y no hay garaje.

- Mari Ví, ¿cómo es tu granja?
- Es grande. Tiene cinco dormitorios, dos cuartos de baño, un pasillo muy largo, una cocina, un salón y un comedor.
- ¿Hay garaje?
- Sí hay dos garajes... y un jardín.

- ¿Cómo es tu hacienda, Alicia?
- Arriba hay cuatro dormitorios y tres cuartos de baño. Hay una escalera y abajo hay un salón, un comedor, una cocina, un despacho y un aseo.

3 *Dibuja un plano para la casa de Asunción, Manuel, Mari Ví o Alicia. (AT4/2)*

Writing. Pupils choose one of the above, draw a plan of their house and label it.

Dibujad un plano de una casa para una de las personas que acabáis de oír.

Gramática
This sets out the present tense of the irregular verb **tener** (to have).

4 *¿Cómo es tu casa? Describe tu casa a tu pareja. (AT2/3–4)*

Speaking. Pupils describe their house to their partner using the grid on page 51 to help them. Example:
– ¿Cómo es tu casa?
– Vivo en...
  Es...
  Hay...
  Tiene...

5 *Escucha la cinta y después juega el juego con tu clase. (AT1/2)*

Listening. Pupils listen to some children playing a memory game (similar to 'I packed my suitcase and in it I put...').

- Vivo en una casa.
- Vivo en una casa con jardín.
- Vivo en una casa con jardín y garaje.
- Vivo en una casa con jardín, garaje y piscina.
- Vivo en una casa con jardín, garaje, piscina y balcón.
- Vivo en una casa con jardín, garaje, piscina, balcón y tres dormitorios.
- Vivo en una casa con jardín, garaje, piscina, balcón, tres dormitorios y un cuarto de baño.
- Vivo en una casa con jardín, garaje, piscina, balcón, tres dormitorios, un cuarto de baño y una cocina.

Game (AT2/2)
Speaking. Pupils now play the game they have just listened to. They work in groups of four. The first person describes the house, the second adds a sentence to the first, the third adds a sentence to the second, etc. How many sentences can you add?

Trabajad en grupos de cuatro personas. Una persona describe una casa. La segunda persona añade una frase a la primera. La tercera persona añade una frase a la segunda, etcétera. ¿Cuántas frases podéis añadir?

Socorro

This vocabulary box covers the new language on page 51.

Los deberes (AT4/2–4)

Ask pupils to describe and draw a picture of their ideal house. Example:
Mi casa ideal es/tiene...

H **Hoja de trabajo 43**

2 *Completa la frase y escribe una descripción de la casa de Asunción. (AT4/3–4)*

Writing. Using the information in Activity 1, pupils write a description of Asunción's house.

3 *Completa las frases y escribe una descripción de tu casa. (AT4/3–4)*

Writing. Pupils fill the gaps to write a description of their own house.

H **Hoja de trabajo 44**

1 *Mira el dibujo de estas casas. ¿Qué tiene cada una? ¿Qué no tiene? (AT4/2)*

Writing. Pupils complete the short descriptions of the houses pictured.

2a *Lee las descripciones de las casas de César y Mari Luz. Marca si las frases a continuación son verdad o mentira. (AT3/4)*

2b *Corrige las frases que son falsas, escribiéndolas de nuevo. (AT4/3)*

Reading/Writing. Pupils read the descriptions and decide if the sentences are true or false, correcting the false ones.

Answers: **1**✓ **2**✓ **3**✗ Hay dos cuartos de baño arriba **4**✗ El jardín es grande **5**✗ Hay un balcón arriba **6**✓ **7**✗ No es grande/Es pequeño **8**✓ **9**✓ **10**✗ No hay jardín.

3 *¿Cuál prefieres, el chalet de Mari Luz o el piso de César? ¿Por qué? (AT4/3)*

Writing. Pupils give and justify their own preference.

C **Cuaderno page 26**

1a *Mira el plano de esta casa. Nombra las habitaciones usando las palabras de la lista. (AT3/1, AT4/1)*

Reading/Writing. Pupils label the plan of the house.

2 *Mira el plano de tu casa nueva. Dibuja las habitaciones y nómbralas. (AT4/1–2)*

Writing. Pupils look at the plan of their new house. They draw in the rooms and label them.

EN CASA

8 Mi pueblo *(Pupil's Book pages 52–53)*

Main topics and objectives
- Saying where you live
- Describing where you live

Other aims
- Points of the compass
- Using the 3rd person of *vivir*

Structures

¿Dónde vives?
¿Dónde vive?
Vivo...
Vive...
    cerca del mar
    en el centro
    en un pueblo
¿Cómo es tu ciudad/barrio/pueblo?
Está en el norte.
Es...
Hay mucho(s)/mucha(s)...

Vocabulary

antiguo/a
bonito/a
contaminado/a
feo/a
industrial
limpio/a
moderno/a
pequeño/a
residencial
sucio/a
tranquilo/a

las afueras
el campo
el centro
la ciudad
el mar
las montañas
el parque
el pueblo
el tráfico
los turistas

el norte
el sur
el este
el oeste

Resources

Cassette B Side A
Cuaderno page 27
Hojas de trabajo 45
                46
Flashcards 36–40

1a *Escucha la cinta. (AT1/3)*

Listening. Pupils listen to the speakers discussing where famous people live.

– ¿Dónde vive Gloria Estefan?
– Gloria vive en una casa cerca del mar en Miami.

– ¿Dónde vive Juan Carlos, el Rey de España?
– El Rey de España vive en Madrid, en un palacio en el centro de la ciudad.

– ¿Dónde vive el ciclista Miguel Induráin?
– Miguel Induráin vive en un pueblo pequeño en el campo.

– ¿Dónde vive la tenista Arantxa Sánchez Vicario?
– Arantxa vive en Barcelona, en las afueras de la ciudad.

1b *Pregunta a tu pareja dónde viven una o dos de las personas. (AT2/2–3)*

Speaking. In pairs, pupils take turns to ask and say where one or more of these people live.

Preguntad a vuestras parejas dónde viven estas personas famosas.

– ¿Dónde vive Gloria Estefan?
– Vive en una casa cerca del mar.

Socorro

This helps pupils with the vocabulary they have just listened to.

2 *Escucha la cinta y después haz las preguntas a tu pareja. (AT1/3–4)*

Listening. Pupils listen to descriptions of four places and look at the pictures on page 53. Ask them to make a note of what they think these places are like.

1 – ¿Cómo es tu ciudad?
   – Está en el norte. Es industrial. Es sucia. Es fea. Está contaminada y hay mucho tráfico.

2 – ¿Cómo es tu barrio?
   – Está en el oeste de la ciudad. Es moderno. Es residencial. Es limpio. Hay muchos parques.

3 – ¿Cómo es tu pueblo?
   – Está en el este, en el campo. Es antiguo. Es bonito. Hay muchos turistas.

4 – ¿Cómo es tu pueblo?
   – Está en el sur, cerca del mar. Es tranquilo. Es pequeño. No es limpio… Hay muchos… Zzzz.

Speaking. Pupils ask each other and answer the questions they have just listened to.
– ¿Cómo es tu ciudad?
– ¿Cómo es tu barrio?
– ¿Cómo es tu pueblo?

First look at the vocabulary under **Socorro** (page 53) for translations of the adjectives.

Go over the points of the compass. Practise by asking pupils to walk to the 'north of the class', 'south of the class', etc.

Camina al norte de la clase.
Camina al sur de la clase.
Camina al noreste.

3a *Escucha la cinta. Empareja las postales con las personas. Hay tres postales pero cuatro personas. (AT1/3–4)*

Listening/Reading. Pupils listen to people describing where they live. They match the postcards (lettered) to three of the four people (numbered).

Emparejad las postales con las personas.

Answers: **A**3 **B**1 **C**4

1 – ¿Cómo es tu ciudad?
   – Vivo en Sevilla, una ciudad en el sur de España. Es antigua y muy bonita. Hay muchos monumentos y hay muchos turistas.

2 – ¿Cómo es tu ciudad?
   – Vivo en una ciudad en el norte de España. No me gusta nada. Es fea. Es industrial. Hay mucho tráfico y está contaminada.

3 – ¿Cómo es tu pueblo?
   – Es pequeño. Vivo en un pueblo cerca del mar. Es antiguo y muy tranquilo.

4 – ¿Cómo es tu ciudad?
   – Es grande. Es la capital y está en el centro de España. Hay mucho tráfico. Hay barrios antiguos y barrios modernos. Mi barrio es residencial.

3b *¿Qué dicen las personas del lugar donde viven? (AT1/3–4)*

Listening. Pupils listen again and write down the information given by the four people about where they live. They can use the grid on **Hoja de trabajo 45** (Activity 1).

Information technology

Fun with text (CAMSOFT): The teacher produces gap-filling exercises to consolidate adjectives learnt in this unit.

Six Spanish Games (AVP): Three of the wordgames are ideal to consolidate language learnt in this unit.

Wordprocessing: Pupils make up interviews with six people from around Britain. Stick the texts onto a giant map of Britain.

Hoja de trabajo 45

2 *¿Y tú? ¿Qué dices del lugar donde vives? (AT4/3)*

Writing. Pupils describe their own area, using the help given.

Hoja de trabajo 46

1a *¿De quién son estos anuncios? Escucha la cinta y empareja las personas con los anuncios. (AT1/4, AT3/3)*

Listening/Reading. Pupils match recorded descriptions of homes to the printed advertisements. The **Socorro** gives help with the new vocabulary.

Mi pueblo (páginas 52-53)
3b

1 ¿Qué dicen las personas del lugar donde viven?
(What do the people say about the places they live in.)

	1	2	3	4
grande				
pequeño/pequeña				
feo/fea				
bonito/bonita				
moderno/moderna				
antiguo/antigua				
industrial				
sucio/sucia				
limpio/limpia				
contaminado/contaminada				
residencial				
tranquilo/tranquila				
norte				
sur				
este				
oeste				
centro				
turistas				
tráfico				
monumentos				
pueblo				
ciudad				

2 ¿Y tú? ¿Qué dices de donde vives?

SOCORRO

mi barrio es	grande		en el norte
	pequeño/a		
	feo/a		en el sur
	moderno/a		
	industrial		
mi pueblo es	sucio/a	Está	en el este
	feo/a		
	residencial		en el oeste
	limpio/a		
mi ciudad es	tranquilo/a		contaminado/a
	bonito/a		
	antiguo/a		

Mi pueblo (páginas 52-53)
3b

1 ¿Qué dicen las personas del lugar donde viven?
(What do the people say about the places they live in.)

	1	2	3	4
grande				
pequeño/pequeña				
feo/fea				
bonito/bonita				
moderno/moderna				
antiguo/antigua				
industrial				
sucio/sucia				
limpio/limpia				
contaminado/contaminada				
residencial				
tranquilo/tranquila				
norte				
sur				
este				
oeste				
centro				
turistas				
tráfico				
monumentos				
pueblo				
ciudad				

2 ¿Y tú? ¿Qué dices de donde vives?

SOCORRO			
mi barrio es	grande		en el norte
	pequeño/a		
	feo/a		
	moderno/a		en el sur
	industrial		
mi pueblo es	sucio/a	Está	en el este
	feo/a		
	residencial		
	limpio/a		en el oeste
	tranquilo/a		
mi ciudad es	bonito/a		contaminado/a
	antiguo/a		

Mi pueblo (páginas 52-53)

3b

1 ¿Qué dicen las personas del lugar donde viven?
(What do the people say about the places they live in.)

	1	2	3	4
grande				
pequeño/pequeña				
feo/fea				
bonito/bonita				
moderno/moderna				
antiguo/antigua				
industrial				
sucio/sucia				
limpio/limpia				
contaminado/contaminada				
residencial				
tranquilo/tranquila				
norte				
sur				
este				
oeste				
centro				
turistas				
tráfico				
monumentos				
pueblo				
ciudad				

2 ¿Y tú? ¿Qué dices de donde vives?

SOCORRO			
mi barrio es	grande, pequeño/a, feo/a, moderno/a, industrial		en el norte
			en el sur
mi pueblo es	sucio/a, feo/a, residencial, limpio/a	Está	en el este
			en el oeste
mi ciudad es	tranquilo/a, bonito/a, antiguo/a		contaminado/a

Mi pueblo (páginas 52-53)

3b

1 ¿Qué dicen las personas del lugar donde viven?
(What do the people say about the places they live in.)

	1	2	3	4
grande				
pequeño/pequeña				
feo/fea				
bonito/bonita				
moderno/moderna				
antiguo/antigua				
industrial				
sucio/sucia				
limpio/limpia				
contaminado/contaminada				
residencial				
tranquilo/tranquila				
norte				
sur				
este				
oeste				
centro				
turistas				
tráfico				
monumentos				
pueblo				
ciudad				

2 ¿Y tú? ¿Qué dices de donde vives?

SOCORRO			
mi barrio es	grande pequeño/a feo/a moderno/a industrial		en el norte
			en el sur
mi pueblo es	sucio/a feo/a residencial limpio/a	Está	en el este
			en el oeste
mi ciudad es	tranquilo/a bonito/a antiguo/a		contaminado/a

EN CASA

- Doña Pilar Borreguero vive en un chalet pequeño de dos plantas. Vive en el campo. En su chalet hay tres dormitorios y dos cuartos de baño. Tiene un jardín muy grande. Pero ahora doña Pilar necesita un piso más pequeño en el centro de la ciudad.
- Teresa de Santos vive en una casa grande de tres plantas. Tiene cuatro dormitorios y dos cuartos de baño. Vive en las afueras de la ciudad pero prefiere vivir en el centro de la ciudad.
- El señor García Cuevas vive en un piso moderno. Tiene dos dormitorios, salón-comedor, una cocina grande y cuarto de baño. Hay terraza y garaje subterráneo. Vive en las afueras de la ciudad pero prefiere vivir cerca del mar.
- La señorita Aurora Muñoz vive en un piso grande cerca del mar. Tiene tres dormitorios. Hay piscina. Pero la señorita Muñoz prefiere vivir en un chalet con jardín privado.
- Don Rodríguez Orejana vive en un piso. Tiene tres dormitorios, dos baños, salón y comedor. Hay dos terrazas. La cocina es muy moderna y el piso tiene calefacción. El piso es muy grande. Don Rodríguez necesita un piso con dos dormitorios y un garaje.

Answers: 1b 2a 3c 4e

1b *Escucha otra vez. Busca la casa ideal para las personas. (AT1/4)*

Listening/Reading. Listening again and looking at the advertisements, pupils now match the homes with what is said about the people's wishes.

Answers: 1e 2c 3b 4a

1c *Escucha la cinta otra vez. Escribe el anuncio que falta. (AT1/4, AT4/2–3)*

Listening/Writing. Pupils write an advertisement for Teresa de Santos' house.

1d *Escribe un anuncio para vender tu propia casa. (AT4/2–3)*

Writing. They now make up a similar advertisement for their own home.

C Cuaderno page 27

1a *Lee las descripciones de los lugares donde viven estas personas. (AT3/3)*

Reading. Pupils read the descriptions.

1b *Pega aquí una foto o dibuja tu ciudad o pueblo y descríbela. (AT4/3–4)*

Writing. Pupils stick in a photo or draw their town or village. They then describe it, using the texts in Activity 1a to guide them.

Resumen (Pupil's Book page 54)

This is a summary of the language in Tema 3.

Resources

Cuaderno pages 28 & 29
Hojas de trabajo 47 (Tema 3 Gramática 1)
　　　　　　　　　48 (Tema 3 Gramática 2)

H Hoja de trabajo 47

1 *Empareja las palabras de las dos columnas.*

Adjective agreement. Pairing up nouns with appropriate adjectives, recognising the correct forms.

2 *Mira los nombres de los animales. ¿Van con un, una, unos o unas? Escribe la palabra correcta delante de cada nombre.*

Agreement of *un/una/unos/unas*.

Answers: **1** un **2** unos **3** una **4** unos
5 una **6** un **7** un **8** un **9** un **10** una

3 *Lee la entrevista con Daniel y termina de escribir el reportaje sobre él.*

3rd person of *tener*. Pupils write a description based on the interview, using the form *tiene*.

H Hoja de trabajo 48

1 *Mira las listas de los colores en masculino, femenino y plural. Completa las frases con los colores apropiados.*

Agreement of colour adjectives. Pupils complete the sentences with appropriate colours in the correct form.

2 *Empareja las palabras de las dos listas y escribe seis frases.*

Agreement of adjectives in personal descriptions. Pupils write six correct sentences.

Answers: Tengo la piel blanca/el pelo negro/los ojos verdes/un conejo blanco/el pelo largo y rizado/dos perros negros.

3 *Elige las palabras apropiadas para completar las frases.*

Adjective agreement. Pupils complete the descriptions with appropriate adjectives in the correct form.

C Cuaderno page 28

1 *Escribe sobre tu familia. Elige las palabras apropiadas de la lista. (AT4/1–2)*

Writing. Pupils write about their family, selecting appropriate words from the list.

2 *Pega aquí una foto de tu amigo o amiga. Describe a tu amigo/a. (AT4/2–3)*

Writing. Pupils stick in a photo of their friend and describe him or her.

3 *Dibuja aquí tu animal favorito. Y luego completa las frases. (AT4/2–3)*

Writing. Pupils draw a picture of their favourite animal and then fill in the gaps to complete the description.

C Cuaderno page 29

1 *Lee el diálogo y elige al ladrón. (AT3/2)*

Reading. Pupils read the dialogue and pick out the thief.

Answer: The thief is 2nd from left.

2 *Mira los dibujos. Marca lo que hay en el dibujo A, y escribe una lista de las diferencias en el dibujo B. (AT3/1, AT4/2)*

Reading/Writing. Pupils look at the two pictures, A and B. They tick off the items which appear in picture A and then list the differences in B.

Answers: Picture **A** has: tres dormitorios, dos cuartos de baño, un aseo, un salón, un comedor, una cocina, una terraza, un jardín, un gato, un conejo
Picture **B** has: dos dormitorios, un cuarto de baño, garaje, un perro, un pez, un conejillo de Indias. It has no: comedor, aseo

EN CASA

Prepárate (Pupil's Book page 55)

> **Resources**
> Cassette B Side A

A Escucha

1 Escucha la cinta y empareja el número de la persona con la letra del dibujo apropiado.

Pupils write down the letter of the person that matches each speaker.

Answers: **1**C **2**A **3**F **4**D **5**G

1 ¡Hola! Me llamo Carmen. Soy negra. Soy alta y delgada y tengo el pelo corto.
2 ¡Hola! ¿Qué tal? Me llamo David. Soy bastante alto y delgado. Soy rubio y tengo el pelo corto.
3 ¡Hola! ¿Qué hay? Mi nombre es Miguel. Soy alto pero no soy delgado. Tengo el pelo corto y rizado.
4 Me llamo Sonia. Soy baja y delgada. Soy pelirroja. Tengo el pelo largo y rizado.
5 ¡Hola! ¿Cómo estás? Me llamo Elena. Soy alta y morena. Tengo el pelo largo y liso.

B Habla

1 Haz las siguientes preguntas a tu pareja. Luego contéstalas. (AT2/2–3)

Pupils take turns to ask and answer the questions.

C Lee

1 Elige la casa ideal para cada persona. (AT3/3)

Pupils read the descriptions of people's ideal homes (a–d) and choose the house (1–4) that best suits each person's wishes.

Answers: **a**3 **b**2 **c**4 **d**1

D Escribe

1 Escribe una carta y contesta las preguntas. (AT4/3–4)

Pupils write a response to the letter on the page, answering Patricio's questions: ¿Dónde vives tú? ¿Tienes hermanos? ¿Cómo se llaman? ¿Cuántos años tienes? ¿Tienes un animal?

Tema 3 Prueba

A Escucha

1 *Escucha las descripciones y dibuja las personas. (AT1/2)*

Pupils listen to the descriptions and draw in the hair on the pictures of the five people.

Answers: **1** long straight hair **2** short curly hair **3** short straight hair **4** long straight hair **5** shaved head

Total: 5 marks

1 Tengo el pelo largo y liso.
2 Tengo el pelo corto y rizado.
3 Tengo el pelo corto. No es rizado.
4 Tengo el pelo largo y liso.
5 Tengo el pelo rapado.

B Habla

1 *Trabaja con tu pareja. Haz las preguntas y contéstalas. (AT2/2–3)*

Pupils work with a partner, taking turns to ask and answer the questions.

Total: 5 marks

2 *Trabaja con tu pareja. Pregúntale: (AT2/2)*

Pupils take turns to ask the two questions in the speech bubbles about where they live.

Total: 2 marks

C Lee

1 *Empareja las descripciones con las casas apropiadas. (AT3/1)*

Pupils match the houses to their descriptions.

Answers: **1**b **2**a **3**d **4**c **5**e

Total: 5 marks

2 *Empareja las parejas compatibles. (AT3/2)*

Pupils find the perfect partners for numbers 1–5.

Answers:
3 Mi chico ideal es rubio o pelirrojo y tiene los ojos verdes.
2 Mi chico ideal es alto y rubio. Prefiero el pelo largo.
4 Mi chico ideal es bajo y delgado y tiene el pelo corto.
5 Mi chico perfecto... No me gusta el pelo largo.
1 Mi chico perfecto es moreno y tiene el pelo largo.

Total: 5 marks

D Escribe

1 *Escribe los nombres de los cuartos de la casa en el plano. (AT4/1–2)*

Pupils fill in the names of the rooms on the plan of the house.

Total: 10 marks

2 *Escribe una descripción de una persona de tu familia o de un animal que tienes en casa. Mira el ejemplo. (AT4/3–4)*

Pupils read the example. They then write a description of a member of their family or a family pet.

1 mark for each detail given about the family member or pet, up to a maximum of 13 marks.

Total: 13 marks

Total marks for Test: 45 marks

Tema 4: El tiempo libre (Pupil's Book pages 56–73)

Unidad	Main topics and functions	Programme of Study Part I	Programme of Study Part II	Grammar
¿Qué deporte practicas? (pp. 56–57)	Saying which sports you play/practise	1k, 2l	B	Juego al/a la... Practico el/la...
¿Qué haces en tu tiempo libre? (pp. 58–59)	Saying what you do in your free time Saying what you like/don't like to do	1f, 2i	B	¿Te gusta...? (No) me gusta + infinitive ¿Qué haces en tu tiempo libre?
¿Qué hay en la tele? (pp. 60–61)	Saying what your favourite programmes are	1d, 1f, 4a	B	¿Qué programas de televisión prefieres? Yo prefiero... Preferimos... Prefieren...
¿A qué hora ponen el fútbol? (pp. 62–63)	Asking at what time and on which channel a programme will be shown	1h, 2g	B	¿A qué hora ponen...? A las... ¿En qué canal? En la...
¿Adónde vamos? (pp. 64–65)	Photo story (revision)	1g, 3d	B	Present tense of *ir*
Una cita (pp. 66–67)	Arranging to meet someone Rejecting an invitation	2f, 3i	B	¿Quieres ir al/a la...? ¿A qué hora quedamos? ¿Dónde nos encontramos? No puedo. Tengo que + infinitive
¿Alquilamos un vídeo? (pp. 68–69)	Saying what sort of film you prefer	2h, 1j	B	¿Qué tipo de películas prefieres? Prefiero películas de...
Locos por la música (pp. 70–71)	Asking about and saying what music you like Saying why you like it	2j, 3e	B, E	¿Qué música te gusta? Me gusta... ¿Por qué? Porque es + adjective
Resumen (p. 72)	Revision			
Prepárate (p. 73)	Revision (practice test)			

1 ¿Qué deporte practicas?
(Pupil's Book pages 56–57)

Main topics and objectives
- Saying which sports you play/practise

Other aims
- Revision of:
  ¿Cómo te llamas?
  ¿De qué nacionalidad eres?
  ¿Dónde vives?
  ¿Cuántos años tienes?
- Using the 1st person singular of *jugar* and *practicar*

Structures
¿Qué deporte practicas?
Juego al/a la...
Practico el/la...

Vocabulary
jugar ...
    al baloncesto
    al fútbol
    al hockey
    al rugby
    al squash
    al tenis
    al tenis de mesa

practicar ...
    el aeróbic
    el atletismo
    el automovilismo
    el ciclismo
    la equitación
    la gimnasia
    el kárate
    la natación
    la vela

Resources
Cassette B Side B
Cuaderno page 30
Hojas de trabajo 49
                         50
                         51
Flashcards 41–52

---

1 *Escucha la cinta y escribe el número de cada deportista en el orden en que hablan. (AT1/2, AT3/2–3)*

Listening/Reading. Pupils look at the pictures of the sportspeople on page 56 and listen to the tape. They write down the number of each person in the order in which they speak.

Escribid el número del deportista que habla.

Answers: 2, 4, 1, 3

- Me llamo Conchita Martínez. Juego al tenis.
- Me llamo Martín López Zubero. Practico la natación.
- Me llamo Dionisio Cerón. Soy atleta. Practico el atletismo.
- Me llamo Carlos Sainz. Practico el automovilismo.

Gramática
This explains the difference between the use of *jugar* and *practicar*. As a general rule, *jugar* is used for ball games and *practicar* with all other sports.

When you use **a + el** they join to become **al**; **a + la** remain the same.

2 *Trabaja con tu pareja. Imagina que eres una de las personas de las fotos. Explica a tu pareja qué deporte practicas. (AT2/2)*

Speaking. In pairs, pupils pretend to be the people in the photos. They take turns to say what sport they do.

Imaginad que sois las personas de las fotos de la página 56. Explicad a vuestras parejas qué deporte practicáis. Por ejemplo: Juego al tenis, Practico la natación.

EL TIEMPO LIBRE

3 *Mira los dibujos de los deportes y pregunta a tu pareja: ¿Qué deporte practicas/juegas? (AT2/2)*

Speaking. Pupils look at the sports symbols on page 57 and take turns to ask and say what sports they practise.

Mirad los dibujos de la página 57. Preguntad a vuestras parejas: ¿Qué deporte practicas? Contestad: Juego al o a la..., Practico el o la...

4 *Trabaja con tu pareja. Imagina, otra vez, que eres uno de los deportistas de las fotos. Tu pareja te hace preguntas. (AT2/3–4)*

Speaking. In pairs, pupils pretend to be one of the sportspeople in the photos on page 57. They take turns to ask and answer questions:
¿Cómo te llamas?
¿Qué deporte practicas?
¿De qué nacionalidad eres?
¿Dónde vives?

Game
Organise a class quiz. Make a list of sports personalities from various countries. Say a name (e.g. *Diego Maradona*). If a student gets the nationality right (e.g. *argentino*) he or she gets 1 point. For the correct name of the sport (e.g. *el fútbol*), give 2 points; for *Practica el/la...* plus the sport, 3 points; for the correct use of the more difficult construction *Juega al/a la...*, give 4 points.

5 *Imagina que entrevistas a tu deportista favorito. Escribe la entrevista. (AT4/3–4)*

Writing. Pupils write an imaginary interview with their favourite sportsperson.

6a *Escucha la cinta y escribe las letras de los dibujos en orden. (AT1/3)*

Listening. Pupils listen to the tape and look at the pictures on page 57. They write down the letters of the pictures in the correct order.

Escribid las letras de los dibujos en el orden correcto.

Answers: **1** C **2** D **1** C **4** B

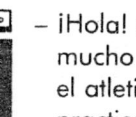

– ¡Hola! Me llamo José María. Me gusta mucho el deporte. Juego al tenis y practico el atletismo. ¿Y tú? ¿Qué deportes practicas?
– ¡Hola! Me llamo Gabriela. Tengo 15 años. Mi deporte preferido es la equitación.
– ¡Hola! ¿Qué tal? Mi nombre es Sergio. Soy español y tengo 14 años. Me gusta mucho el fútbol. Mi equipo preferido es el Real Madrid. Juego al baloncesto y al fútbol, ¡claro!
– ¡Hola! Me llamo Maite. Soy española. Vivo en San Sebastián. Me gusta el esquí. También practico la natación y el aeróbic. ¿Cuáles son tus deportes preferidos?

6b *Escucha la cinta otra vez y escribe todo lo que puedas sobre cada persona. (AT1/3)*

Listening. Pupils listen to the tape again and write down as much information as they can about each person.

7 *Escribe una carta a un amigo español. Menciona tus deportes favoritos. (AT4/3–4)*

Writing. Pupils look at the example letter. They write their own letter to a Spanish pen pal, saying what sports they play.

Information technology
Pupils wordprocess a real letter to a pen pal.

H   Hoja de trabajo 49

1 *Escucha la cinta. Elige el deporte correcto y escribe los números que oyes. (AT1/1)*

Listening. Pupils listen to extracts from sports commentaries. They have to recognise the sports and write down the numbers they hear.

– ¡Gol! ¡Real Madrid tres, Barcelona uno!
– Cuarenta, quince.
– Dieciocho, veinte.
– Son dos puntos más... no, son tres.

Answers: **1** el fútbol 3: 1
2 el tenis 40: 15
3 el tenis de mesa 18: 20
4 el baloncesto 2, 3

2 *Escucha la cinta y escribe 'sí' para los deportes que les gustan y escribe 'no' para los deportes que no les gustan. (AT1/3)*

Listening. Pupils listen to interviews with three people and note the responses on the grid.

– ¡Hola! ¿Cómo te llamas?
– Me llamo Tomás.
– ¿Qué deportes te gustan, Tomás?
– Me gustan el baloncesto y el fútbol. Pero no me gustan ni el tenis ni la natación.

– ¡Hola! ¿Cómo te llamas?
– Me llamo Carolina.
– ¿Te gustan los deportes, Carolina?
– Sí, me gustan mucho.
– ¿Qué deportes te gustan?
– Me gustan el atletismo, la natación y el kárate.
– ¿Te gusta el fútbol?
– No, no me gusta el fútbol.
– ¿Por qué?
– Porque es aburrido.

– ¡Hola! ¿Cómo te llamas?
– Me llamo Pablo.
– ¿Te gusta el fútbol, Pablo?
– No, no me gusta mucho.
– ¿Te gusta el baloncesto?
– No.
– ¿Te gusta la natación?
– No, la natación no me gusta nada.
– ¿Te gusta el tenis?
– No.
– ¿Te gusta el atletismo?
– No, ¡qué va! No me gusta nada.

3 *Escribe los deportes en el crucigrama. (AT4/1–2)*

Writing. Pupils complete a crossword, using symbols as clues to the sports.

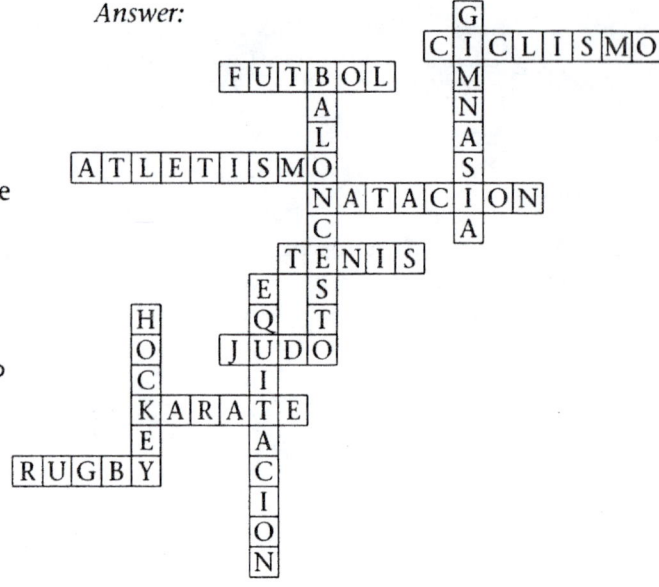

Answer:

(crossword with: FUTBOL, CICLISMO, GIMNASIA, ATLETISMO, NATACION, BALONCESTO, TENIS, EQUITACION, HOCKEY, JUDO, KARATE, RUGBY)

H **Hojas de trabajo 50 & 51**

Sports cards. Make make word and picture cards from these sheets. Pupils lay them face up on the desk, shuffle them and see how quickly they can match them up. The cards can also be used to play Snap or Pelmanism.

C **Cuaderno page 30**

1 *Escribe las letras que faltan para completar los nombres de los deportes. (AT4/2)*

Writing. Pupils fill in the missing letters to complete the names of sports.

Answers: el **a**tletismo; el balon**c**esto; el ciclis**m**o; la **e**quitación; el **f**útbol; la **g**im**n**asia; el **h**ockey; el **j**udo; el ká**r**a**t**e; la **n**atación; el **r**ug**b**y; el **t**enis; la vel**a**

2 *Mira el dibujo y escribe las frases apropiadas en los espacios. (AT4/2)*

Writing. Pupils fill in the appropriate sports in the spaces.

3 *Escribe tus opiniones sobre los deportes empleando palabras como: (AT4/2–3)*

Writing. Pupils write their own opinions about the sports, using the given words.

EL TIEMPO LIBRE

4 Entrevista a tu deportista preferido. Pega su foto aquí. Escribe las respuestas a las preguntas. (AT4/3)

Writing. Pupils imagine an interview with their favourite sportsperson. They stick in a photo of him or her and answer the questions.

2 ¿Qué haces en tu tiempo libre?
(Pupil's Book pages 58–59)

Main topics and objectives
- Saying what you do in your free time

Other aims
- Saying what you like to do
- Saying what you don't like to do

Structures
¿Te gusta... + infinitive?
Me gusta...
No me gusta...
¿Qué haces en tu tiempo libre?
Juego con...
Escucho música
Toco...
Salgo con mis amigos
Veo la televisión
Voy a/de...
No hago nada

Vocabulary
los pasatiempos

jugar/juego con...
    los videojuegos
    mi ordenador
tocar/toco...
    el piano
    el saxofón
ir/voy...
    al centro juvenil
    al cine
    de compras
leer/leo
practicar/practico
salir/salgo
ver/veo

Resources
Cassette B Side B
Cuaderno page 31
Hojas de trabajo 52
                    53
                    54
Flashcards 53–62

1 Escucha la cinta y escribe las letras en el orden correcto. (AT1/3)

Listening. Pupils listen to the tape and look at the pictures on page 58. They write down the letters in the correct order.

Escribid las letras de los dibujos en el orden correcto.

Answers: **1**A **2**D **3**F **4**B **5**G **6**H **7**I **8**C **9**F **10**J

- ¿Qué haces en tu tiempo libre?
- Juego con los videojuegos.
- ¿Videojuegos?
- Sí.

- Y tú, ¿qué haces en tu tiempo libre?
- Toco el piano y el saxofón.
- ¿Tocas el piano y el saxofón?
- Sí, el piano y el saxofón.
- ¡Qué bien!

- Oye, ¿qué haces en tu tiempo libre?
- Veo la televisión.

- Voy al cine.

- Voy de compras.

- Voy al centro juvenil.

- Juego con mi ordenador.

- ¿Qué haces en tu tiempo libre?
- Escucho música.

– ¿Qué haces en tu tiempo libre?
– Salgo con mis amigos.

– ¿Qué haces en tu tiempo libre?
– No hago nada.

2 *Pregunta a tu pareja. (AT2/3)*

Speaking. Pupils now take turns to ask each other: *¿Qué haces en tu tiempo libre?* They answer using the pictures on page 58.

Preguntad a vuestras parejas: ¿Qué haces en tu tiempo libre? Contestad utilizando los dibujos de la página 58. Por ejemplo: Veo la televisión, No hago nada.

3 *Escucha la cinta y marca los pasatiempos apropiados para cada persona. (AT1/3)*

[H] Listening. Pupils tick the activities mentioned by Iván, Isabel, Juan, Elena and Tomás, using the grid on **Hoja de trabajo 52** (Activity 1).

Marcad los pasatiempos apropiados para cada persona en el cuadro.

– ¡Hola! ¿Cómo te llamas?
– Me llamo Iván.
– ¿Qué haces en tu tiempo libre, Iván?
– Juego con mi ordenador y también juego con los videojuegos.

– ¡Hola! Me llamo Isabel.
– ¡Hola! Isabel. ¿Qué haces en tu tiempo libre?
– Salgo con mis amigos. A veces voy al cine.

– ¡Hola! ¿Cómo te llamas?
– ¡Hola! Me llamo Juan.
– ¿Qué haces en tu tiempo libre, Juan?
– Me gusta mucho la música así que escucho música y toco el piano.

– ¡Hola! Mi nombre es Elena. En mi tiempo libre veo la televisión y escucho música.

– ¡Hola, Tomás! ¿Qué te gusta hacer en tu tiempo libre?
– Me gusta jugar con los videojuegos.
– Videojuegos, ¿y qué más?
– Salgo con mis amigos.

4 *Escribe las palabras apropiadas en los espacios. (AT3/3, AT4/2)*

Reading/Writing. Pupils fill in the spaces, using the pictures to help them.

Escribid las palabras en los espacios según los dibujos.

Answers: **1** escucho música **2** toco el piano **3** juego al fútbol **4** veo la televisión **5** juego con los videojuegos **6** voy al cine

Write in the verb, e.g. *escucho*. Pupils look for the picture with this written underneath and then complete the sentence, e.g. *la música*.

Pupils write about what they do in their free time.

Information technology
This activity could be wordprocessed.

5 *Escribe una lista de (a) los pasatiempos que te gusta hacer (b) los pasatiempos que no te gusta hacer. (AT4/2–3)*

Writing. Using the grid on page 59, pupils make a list of things they like to do under the heading *Me gusta* and the things they don't like to do under *No me gusta*.

Information technology
Carry out a class survey on leisure activities and enter the information on a database.

6 *Pregunta a tu pareja. (AT2/3)*

Speaking. Pupils practise asking and answering the questions in the speech bubbles on page 59.

Preguntad a vuestras parejas: ¿Te gusta salir con tus amigos? Contestad: Sí, me gusta, o No, no me gusta.

7 *Mira las cosas de las fotos y escribe una frase para cada una. (AT4/2–3)*

Writing. Pupils write a sentence for each picture. Examples:
Me gusta jugar al fútbol. No me gusta leer.

Answers: (No) me gusta… jugar con los videojuegos/escuchar música/practicar la natación/jugar con mi ordenador/ir al cine/leer/jugar al fútbol/ver la televisión/tocar el/la…

EL TIEMPO LIBRE

[H] Write the sentences on the board. Pupils match the sentences to the pictures in their books. They could draw the picture and copy the sentence underneath it.

[H] **Hoja de trabajo 52**

2 *Marca tus pasatiempos en las casillas. Luego entrevista a dos compañeros de clase y marca las casillas apropiadas. (AT2/2–3)*

Speaking. Pupils fill in a similar grid for themselves, then interview two classmates and mark in their pastimes as well.

3 *Escucha la cinta y escribe lo que hace Juan cada día. Luego elige la respuesta correcta a cada pregunta. (AT1/4, AT3/2)*

Listening/Reading. Pupils listen to a phone conversation and answer multiple choice questions.

- Dígame.
- ¡Hola, Juan! Soy Elvira.
- ¡Hola!
- Oye, ¿quieres ir al cine el lunes?
- No, el lunes no puedo, tengo muchos deberes.
- ¿Y el martes?
- El martes... no... juego al fútbol.
- Bueno, el miércoles entonces. ¿Qué haces el miércoles?
- El miércoles salgo con mis amigos.
- Vamos, pues, el jueves.
- ¿El jueves? A ver... no, el jueves tengo una clase de piano.
- ¿Y el viernes?
- No, el viernes voy de compras. ... Gracias por llamar, Elvira.
- De nada, Juan. Hasta luego.

[H] **Hojas de trabajo 53 & 54**

Pastimes cards. Cut up these sheets to make word and picture cards for matching games.

[C] **Cuaderno page 31**

1 *Haz una tarta como la de los ejemplos sobre tus pasatiempos. (AT3/2, AT4/2–3)*

Reading/Writing. Pupils draw up a pie chart to show how they spend their time, following the examples.

2 *Empareja las palabras de las dos listas para completar las frases. (AT3/1–2)*

Reading. Pupils pair up the words in the two lists to make complete sentences.

Answers: Salgo con mis amigos.
Voy de compras.
Juego con mi ordenador.
Toco la guitarra.
Juego al fútbol.
Voy al cine.
Veo la televisión.
Leo libros.

3 ¿Qué hay en la tele? (Pupil's Book pages 60–61)

Main topics and objectives

- Saying what your favourite programmes are

Structures

¿Qué programas de televisión prefieres?
Yo prefiero...
Preferimos...
Prefieren...

Vocabulary

los concursos
los dibujos animados
las noticias
las películas de acción
los programas de actualidad
los programas de deportes
los programas musicales
las series policíacas
las telecomedias
las telenovelas

Resources

Cassette B Side B
Cuaderno page 32
Hoja de trabajo 55
Flashcards 63–69

---

1 Escucha la cinta. (AT1/3, AT3/3)

Listening/Reading. Pupils listen to the tape and look at the pictures on page 60. People are talking about their favourite television programmes.

Vais a escuchar a la gente en la página 60 hablando de sus programas preferidos. ¿Qué tipo de programas se mencionan?

Answers: crime, soaps, musicals, quiz shows, news, current affairs, comedies, sport, action films, cartoons

Ahora, leed el texto con vuestros compañeros.

– ¿Qué programas de televisión prefieres, Cristina?
– Yo prefiero las series policíacas.
– Y tú, Victoria, ¿qué programas prefieres?
– Prefiero las telenovelas y también los programas musicales. ¿Y tú, Maribel?
– Yo prefiero los concursos. ¿Te gustan los concursos, Jaime?
– No, no me gustan los concursos. Prefiero las noticias y los programas de actualidad.
– Y tú, Luis, ¿te gustan las noticias?
– No, prefiero las telecomedias. ¿Y qué prefieres tú, Juan?
– Yo prefiero los programas de deportes, especialmente el fútbol. ¿Y tú, Rafael?
– Yo prefiero las películas, las películas de acción.
– Prefiero los dibujos animados.

2a Escucha la cinta y empareja los sonidos con los anuncios. (AT3/2)

Reading. Pupils listen to the tape and match the sounds (numbered) to the advertisements (lettered).

Answers: **1**G **2**D **3**B **4**H **5**E **6**F **7**A **8**C

2b ¿Qué tipo de programas son? Empareja los anuncios con las frases. (AT3/2)

Reading. Pupils match up the advertisements on page 61 (lettered) to their definitions (numbered).

Emparejad los anuncios (letras) con sus frases (números).

Answers: **1**E **2**B **3**D **4**G **5**F **6**C **7**H **8**A

2c Lee los anuncios. ¿Te interesan los programas? (AT2/3)

Speaking. Ask your pupils about their favourite programmes.

– ¿Te interesan los dibujos animados?
– Sí, me gustan.

EL TIEMPO LIBRE

2d *Prepara tus propios anuncios. (AT2/3–4, AT4/3–4)*

Speaking. Pupils read the advertisements on page 61 more closely, then make up their own advertisements for TV programmes, based on these, and record them on tape.

Writing. Pupils write out and illustrate their advertisements.

3a *Lee cuáles son los programas preferidos de una clase de alumnos españoles. (AT3/2)*

Reading. Pupils look at the chart showing Spanish pupils' favourite programmes.

3b *Pregunta a tu clase. (AT2/2)*

Speaking. A class survey. Pupils use **Hoja de trabajo 55** (see below) to help them carry out a survey on which types of programme their classmates prefer.

Ask pupils to give a reason for their preference.

Pupils could draw a bar chart or pie chart to show the results.

Dibujad un gráfico con los resultados.

3c *Compara tus resultados con los resultados de los alumnos españoles. (AT2/3–4)*

Speaking. Ask the class to compare the results of their survey on favourite programmes with the Spanish pupils' favourites.
– ¿Qué programas preferimos?
– Preferimos…
– ¿Y los españoles?
– Prefieren…

H **Hoja de trabajo 55**

1a *Escribe los nombres de los programas al lado de los símbolos. (AT4/1–2)*

1b *Pregunta a tu clase. (AT2/2)*

Writing/Speaking. First pupils write the names of the programmes alongside the symbols; then they do the survey and note the responses.

2 *Calcula los porcentajes, escríbelos y completa las frases. (AT4/2–3)*

Writing. Pupils write up their survey results using the outline given.

C **Cuaderno page 32**

1 *Empareja los dibujos con lo que dicen los jóvenes. (AT3/2)*

Reading. Pupils pair up the drawings with what the people are saying.

Answers: **1**h **2**f **3**b **4**d **5**c **6**e

2 *Dibuja o recorta unas fotos de tus programas de televisión preferidos y prepara anuncios para una revista española. (AT4/2–3)*

Writing. Pupils cut out photos of their favourite TV programmes and make up advertisements for them for a Spanish magazine.

4 ¿A qué hora ponen el fútbol?
(Pupil's Book pages 62–63)

Main topics and objectives

- Asking at what time and on which channel a programme will be shown

Other aims

- Revision of time: 24-hour clock

Structures

¿A qué hora ponen...?
A las...
¿En qué canal?
En...

¿Cuál es tu programa preferido?
Mi programa preferido es...

Resources

Cassette B Side B
Cuaderno page 33
Hojas de trabajo 56
57

1a *Escucha la cinta y mira la guía de televisión. Busca los programas mencionados. (AT1/4, AT3/4)*

Listening/Reading. Pupils listen to the tape and look at the TV guide on page 62. Ask them to write down the programmes mentioned on the tape.

Mirad la guía de TV en la página 62. ¿Cuáles son los programas mencionados en la cinta? Escribídlos.

Pupils listen to the tape again and write down at what time these programmes will be on.

Escribid a qué hora van a poner cada programa.

– ¿A qué hora ponen 'El oso Yogui' hoy?
– Creo que a las ocho. Sí, eso es, a las ocho.
– ¿En qué canal lo ponen?
– En Antena 3.
– Díme, ¿a qué hora ponen el fútbol esta noche?
– ¿Esta noche hay fútbol? Estupendo. Déjame ver a qué hora... A las 22.30 en la primera. Ah, y también a las 20.30 en Antena 3.
– Mira a ver a qué hora ponen 'Clip, Clap, Vídeo'.
– ¡'Clip, Clap, Vídeo'! No me gusta nada ese programa.
– A ver... A las 11.30.
– ¿En qué canal lo ponen?
– Lo ponen en la 2.
– Quiero saber a qué hora ponen 'El príncipe de Bel Air'?
– Espera a ver... A las 14.30.
– ¿En qué canal?
– 'El príncipe de Bel Air'... Espera un momento... En Antena 3. Me encanta ese programa, tiene unos actores buenísimos. ¿Qué otros programas ponen más tarde?

1b *Mira la guía y pregunta a qué hora y en qué canal ponen varios programas. (AT2/3)*

Speaking. In pairs, pupils look at the TV guide on page 62 and ask each other the time and channel for various programmes.

Preguntad a vuestras parejas a qué hora ponen un programa y en qué canal está. Por ejemplo: ¿A qué hora ponen 'Voleibol Playa'? A las 14.00. ¿En qué canal? En la 2.

2a *Escucha la cinta. ¿Qué programas prefieren las personas de la cinta? (AT1/3)*

Listening. Pupils listen to four people saying what their favourite TV programmes are. They write down what these are in English.

EL TIEMPO LIBRE

Escuchad la cinta y escribid los programas preferidos de las cuatro personas en inglés.

Write the names of the programmes on the board and letter them. Ask pupils to match the letters to the numbers.

Emparejad las letras con los números.

Hoja de trabajo 56 (see below) has another similar survey.

1 – ¿Cuál es tu programa preferido?
   – Mi programa preferido es 'El oso Yogui'.
2 – ¿Cuál es tu programa preferido?
   – Mi programa preferido es el 'Telediario'.
3 – ¿Cuál es tu programa preferido?
   – Mi programa preferido es 'Dinosaurios'.

2b *Pregunta a tu clase. (AT2/2, AT4/2)*

Speaking/Writing. First, ask pupils to think of a favourite programme.

Pensad en vuestros programas preferidos.

Pupils ask their classmates what their favourite programme is and at what time it is on. They can use the grid and write up the results on **Hoja de trabajo 57** (Activities 1 & 2).
 – ¿Cuál es tu programa preferido?
 – Mi programa preferido es...
 – ¿A qué hora lo ponen?
 – A las...

3 *Hay 4 canales en la televisión en España. Pero hay muchas cadenas de TV vía satélite. ¿Tienes TV por cable? (AT2/2)*

Reading. General information on TV channels in Spain.

Ask your class:

¿Cuántos canales hay en Inglaterra, Escocia, el País de Gales, etcétera?

Socorro

This gives the vocabulary covered in this unit.

Mini test (AT2/2–3)

The test covers units 1–4 of Tema 4.

Hoja de trabajo 56

1 *Escucha la cinta. Escribe el nombre del programa preferido de las personas y escribe a qué hora los ponen y en qué canal. (AT1/3)*

Listening. Pupils listen to four interviews and note down the responses.

1 – ¿Cuál es tu programa preferido?
   – Mi programa preferido es 'El príncipe de Bel Air'.
   – ¿A qué hora lo ponen?
   – Creo que a las siete. Sí, eso. A las siete.
   – ¿En qué canal lo ponen?
   – En Antena 3.

2 – ¿Cuál es tu programa preferido?
   – Mi programa preferido es 'Voleibol playa'.
   – ¡'Voleibol playa'! No me gusta nada ese programa. ¿A qué hora lo ponen?
   – A ver... A las 11.30.
   – ¿En qué canal lo ponen?
   – Lo ponen en la 2.

3 – ¿Cuál es tu programa de televisión preferido?
   – Mi programa preferido es el 'Telediario'.
   – ¿A qué hora lo ponen?
   – A las 10.00.
   – ¿En qué canal?
   – En la primera.

4 – ¿Cuál es tu programa preferido?
   – Mi programa preferido es el fútbol.
   – Dime, ¿a qué hora ponen el fútbol esta noche? ¿Esta noche hay fútbol?
   – Déjame ver a qué hora... A las 22.30 en Antena 3.

2 *Pregunta a cuatro amigos cuál es su programa preferido, a qué hora empieza y en qué canal. Escribe las respuestas. (AT2/3)*

Speaking. Pupils carry out four similar interviews themselves and note the responses.

Hoja de trabajo 57

3 *Contesta estas preguntas. (AT4/3)*

Writing. Pupils make a record of their own answers to the questions.

C Cuaderno page 33

1 *Mira la guía de televisión y contesta las preguntas. (AT3/3)*

Reading. Pupils look at the TV guide and answer the questions.

Answers: **1** doce y cuarto (12.15) **2** Antena 3 **3** A las tres (03.00) **4** En Antena 3 **5** A las tres (15.00) **6** En Tele 5

2 *Escribe sobre tu programa de televisión preferido. (AT4/3)*

Writing. Pupils write about their favourite TV programme.

5 ¿Adónde vamos? (Pupil's Book pages 64–65)

Main topics and functions
- Revision

Other aims
- Present tense of *ir*

Resources
Cassette B Side B
Cuaderno page 34

Escucha la cinta y lee. (AT3/4)

Listening/Reading. The photo story is about a group of teenagers – *una pandilla* – trying to decide what to do.

Here are some suggested questions which pupils could answer while working in their groups.

1 ¿Qué es el plan?
2 ¿Qué quiere decir '¡ni hablar!' en inglés?
3 ¿Qué no quieren hacer los chicos?
4 ¿Adónde van los chicos ahora?
5 ¿Por qué?

– ¿Qué hacemos? ¿Adónde vamos?
– Siempre es igual. ¿Adónde vamos? ¿Qué hacemos? ¿Vamos al cine? No. ¿Vamos al parque? No. Es aburrido.
– Es muy aburrido.
– ¿Adónde vas?
– Voy a casa. Adiós.
– Oye, Carlos. Espera un momento. Tengo un plan. Tengo un plan positivo, dinámico y totalmente genial. El lunes jugamos al fútbol. El martes vamos al polideportivo. El miércoles hacemos aeróbic.
– ¿Aeróbic? ¡Ni hablar! Los chicos no van a clases de aeróbic.
– Es una buena idea.
– Sí, para estar en forma.

– ¿Y adónde vais ahora?
– Vamos a la heladería y celebramos la idea con un helado.

Gramática

This introduces pupils to the rest of the present tense of the verb **ir** (to go).

Socorro

This gives the vocabulary introduced in the story.

C Cuaderno page 34

1 *Lee las frases en los globos y marca la información en las casillas. Luego contesta las preguntas. (AT3/2)*

Reading. Pupils read the sentences in the speech bubbles and mark the information in the grid. They then answer the questions.

Answers: **1** José **2** Ana **3** Luis **4** fútbol **5** tenis **6** Italia **7/8** Estados Unidos

EL TIEMPO LIBRE

6 *Una cita* (Pupil's Book pages 66–67)

Main topics and objectives

- Arranging to meet someone
- Rejecting an invitation

Other aims

- Revision of time: 12-hour clock
- Revision of greetings

Structures

¿Quieres ir al/a la...?
De acuerdo
¿A qué hora quedamos?
¿Dónde nos encontramos?
No puedo
Tengo que + infinitive

Vocabulary

el bar
la casa
la entrada del parque
una fiesta
la plaza
el polideportivo
el restaurante

ir de compras
trabajar

¿diga?

Resources

Cassette B Side B
Cuaderno page 35
Hoja de trabajo 58

1a *Escucha la cinta. (AT1/3)*

Pupils listen to the tape and look at the animals on page 66 making arrangements to meet each other.

Mirad los dibujos de los animales. ¿Qué hacen?

- Hola Félix, ¿quieres ir al restaurante?
- De acuerdo. ¿A qué hora?
- ¿A las once y media?
- Bien. ¿Dónde nos encontramos?
- En mi casa.
- Hasta luego.

- ¿Diga?
- Hola Max. ¿Quieres ir al parque?
- Bueno. ¿A qué hora nos encontramos?
- ¿A las cinco en la entrada del parque?
- De acuerdo.
- Adiós.

- ¿Diga?
- ¿Qué tal, Paloma? ¿Quieres ir a la plaza?
- No puedo, tengo que trabajar.
- Bueno, adiós.

1b *Lee las tiras cómicas con tu pareja. (AT3/3)*

Reading. Pupils read the comic strips with a partner.

2a *Escucha la cinta. ¿Dónde van estos amigos? Elige el dibujo correcto. (AT1/3)*

Listening. Pupils listen to the tape. For each numbered item there is a choice of two photos. Pupils select the correct photo showing where the friends are going.

¿Adónde van los amigos? Tenéis que elegir el dibujo correcto.

Answers: 1a 2a 3b

1 – ¿Diga?
  – Hola Felipe. ¿Quieres ir a una fiesta?
  – ¡Estupendo!

2 – ¿Qué tal, Madalena?
  – ¿Quieres jugar al tenis?
  – No, prefiero ver la televisión.
  – De acuerdo.

3 – ¿Diga?
  – Pili, ¿vamos al partido de baloncesto?
  – Vale.

2b *Haz el papel de estos jóvenes. Invita a tu pareja a salir. (AT2/3)*

Speaking. Pupils take turns to ask each other out, using the speech bubbles on page 66.

3a *Escucha la cinta. ¿Dónde se encuentran los amigos y a qué hora? Empareja los dibujos. (AT1/3–4)*

Listening. Pupils listen to the tape. They match 5 of the 7 places (identified by a letter) to the clock faces.

Emparejad los dibujos (letras) con los relojes (números).

Answers: **1**A **2**G **3**C **4**F **5**E

1 – ¿A qué hora quedamos?
 – A las seis y diez.
 – De acuerdo. ¿Dónde nos encontramos?
 – En el bar.
 – Hasta luego.

2 – ¿A qué hora quedamos?
 – A las ocho menos veinte.
 – Bien. ¿Dónde?
 – En el polideportivo.
 – De acuerdo. Hasta luego.

3 – ¿A qué hora quedamos y dónde?
 – A las siete y media en la plaza.
 – Hasta luego.

4 – Hola. ¿A qué hora quedamos?
 – A la una.
 – ¿Dónde? ¿En el bar?
 – No, en la entrada del bar.

5 – ¿Diga?
 – Marta, ¿dónde nos encontramos?
 – ¿En mi casa?
 – De acuerdo. ¿A qué hora?
 – A las seis y cuarto.

3b *Arregla la hora y el lugar de tu encuentro con tu pareja. (AT2/3–4)*

Speaking. In pairs or in small groups (no more than 6), pupils arrange to meet each other at a time and a place.

Arreglad la hora y el lugar de vuestros encuentros con vuestras parejas.

 – ¿A qué hora quedamos?
 – A las seis y cuarto.
 – ¿Dónde nos encontramos?
 – En mi casa.

Put times and places on the board to help pupils:

lugar	**hora**
el parque	a las ocho
el cine	a las cinco
la piscina	a las dos y media

4 *Tu pareja te invita a salir. Rechaza la invitación y dale una razón. (AT2/3–4)*

Speaking. Pupils ask each other out, refuse the invitation and give a reason.

Invitad a vuestra pareja a salir. Por ejemplo: ¿Quieres ir al polideportivo? Rechazad la invitación y dad una razón: No puedo. Tengo que estudiar.

5 *Escribe una invitación a tu pareja y escribe una respuesta a la invitación de tu pareja. (AT4/3–4)*

Writing. Pupils write an invitation to their partners and a response.

Escribid una invitación a vuestra pareja. Después contestad la invitación de vuestra pareja.

Put an invitation on the board to help pupils. For example:

 Nombre: ....
 Lugar: ....
 Dirección: ....
 Fecha: ....
 Hora: ....

Ask pupils to write a more formal reply. Provide the template and use it as a gap-filling exercise. For example:

 Querido/a.........................
 Gracias por tu invitación a/de..............
 ....
 ....
 Hasta pronto.
 Tu amigo/a........................

Information technology
Pupils design their own invitation using Paintbox/Paintspa.

Socorro

This gives the vocabulary and structures for Unit 6.

EL TIEMPO LIBRE

H Hoja de trabajo 58

1a *Escucha la cinta. ¿Adónde están invitados los jóvenes? ¿Por qué razón no pueden ir? Empareja los dibujos de las dos columnas. (AT1/3)*

Listening. Pupils listen to the tape and match up pictures showing the invitations and the reasons for declining.

Answers: a + w; b + z; c + v; d + y; e + x

1 – ¿Quieres ir al cine?
 – No puedo, tengo que visitar a mis tíos.

2 – ¿Quieres ir al polideportivo?
 – No puedo, tengo que estudiar para un examen.

3 – ¿Quieres ir al parque?
 – No puedo, tengo que ir de compras.

4 – ¿Quieres ir a una fiesta?
 – No puedo, tengo que salir con mis padres.

5 – ¿Quieres jugar al baloncesto?
 – No puedo, tengo que trabajar.

1b *Utiliza los dibujos e invita a salir a tu pareja. Rechaza la invitación de tu pareja y dale una razón. (AT2/3)*

Speaking. In pairs, pupils use the pictures as prompts to make and decline invitations.

2 *Invita a salir a tu pareja. (AT2/4)*

Speaking. Pupils now make arrangements to go out, using the help grids on the page.

C Cuaderno page 35

1 *Mira la tira cómica. ¿Qué dicen los amigos? Pon esta conversación en el orden correcto. (AT3/3)*

Reading. Pupils put the conversation in the correct order.

Answer:

1 ¿Diga?/Hola, Juanita. ¿Qué tal?/Hola Jaime.
2 ¿Quieres ir al cine?/¿Qué película ponen?/Los Picapiedra.
3 No puedo ir al cine, tengo que estudiar.
4 ¿Quieres ir a una fiesta?/¿Una fiesta? ¿Dónde?
5 En casa de Felipe./Estupendo. ¿A qué hora es la fiesta?/A las ocho.
6 Nos encontramos en mi casa./De acuerdo./Hasta luego.

7 ¿Alquilamos un vídeo? (Pupil's Book pages 68–69)

Main topics and objectives
- Saying what sort of film you prefer

Structures
¿Qué tipo de películas prefieres?
Prefiero películas de…
¿Alquilamos…?

Vocabulary
el cine

las películas…
  de acción
  de aventuras
  de ciencia ficción
  de drama
  de intriga
  del oeste
  de terror
  policíacas

las comedias
los dibujos animados

Resources
Cassette B Side B
Cuaderno page 36
Hoja de trabajo 59

1a *Escucha la cinta. (AT1/4)*

Listening/Reading. Pupils listen to and follow the photo story on page 68. Three boys are going to rent a film, but after some discussion they decide to go to the cinema. What sorts of film are mentioned?

Mirad las fotos. ¿Qué tipo de películas se mencionan? ¿Cómo se dice 'la pulgarcita' en inglés?

– ¿Alquilamos un vídeo?
– Bueno.
– De acuerdo.

– ¿Qué tipo de películas prefieres?
– ¿Comedias? ¿Películas de terror? ¿de drama? ¿de ciencia ficción? ¿de intriga? ¿de aventuras? ¿de acción? ¿policíacas? ¿del oeste?
– Ay, no sé, no sé… ¿Por qué no vamos al cine? Sólo ponen una película en el cine Rex. Y no es necesario elegir.
– ¡Buena idea!
– Vámonos.

– ¿Qué película es?
– ¡Pulgarcita!
– ¡¿Qué?!

1b *Lee la tira cómica con dos compañeros. (AT3/4)*

Reading. Pupils read the comic strip together in groups of 3.

1c *Nombra películas que son comedias, de terror, de drama, de ciencia ficción, de intriga, de aventura, policíacas y del oeste.*

Speaking. Pupils think of examples for each of the above categories of film.

Socorro

This lists the vocabulary for Unit 7.

2a *Escucha la cinta y empareja los jóvenes con sus películas preferidas. (AT1/3)*

Listening. Pupils listen to the tape and match the five young people (numbered) with their favourite films (lettered).

Emparejad los jóvenes de la página 69 con sus películas preferidas.

Answers: **1**F **2**A **3**G **4**E **5**D

1 – Yo prefiero las películas de acción. Mi película preferida es 'True Lies'.
2 – Prefiero comedia. Mi película preferida es 'Wayne's World'.
3 – Yo prefiero películas de drama como 'Los tres mosqueteros'.
4 – A mí me gustan las películas de ciencia ficción. Mi película preferida es 'Alien 3'.
5 – Yo prefiero películas de aventuras como la de Indiana Jones.

2b *Escucha otra vez y di qué tipo de películas prefieren. (AT1/3)*

Listening. Pupils listen again. This time they say what sort of film each of the five speakers prefers.

Escuchad otra vez. ¿Qué tipo de películas prefiere cada uno de los jóvenes?

Answers: **1** action **2** comedy **3** drama **4** science fiction **5** adventure

2c *Mira los anuncios de las películas. Pregunta a tu pareja. (AT2/3)*

Speaking. Pupils ask their partners about renting a video, using the speech bubbles on page 69.

3a *Pregunta a tu pareja. (AT2/3)*

Speaking. Pupils ask each other what type of films they prefer.

Preguntad a vuestra pareja: ¿Qué tipo de películas prefieres? Contestad, por ejemplo: Prefiero dibujos animados.

3b *Pregunta a tu clase. (AT2/2–3)*

Speaking. Pupils do a survey, asking their classmates what their favourite films are.
– John, ¿qué tipo de películas prefieres?
– Prefiero películas de terror.

[H] They can record the results on the grid on **Hoja de trabajo 59** (see below).

4 *Prepara posters de tus películas preferidas. (AT4/2–4)*

Writing. Pupils make posters for their favourite films. This could be done individually or in small groups.

EL TIEMPO LIBRE

Information technology
The posters could be prepared on a computer using a desktop publishing facility. (Ask your IT co-ordinator for more information or assistance.)

H Hoja de trabajo 59

1a *Escribe los nombres de los símbolos en la ficha. (AT4/1-2)*

1b *Pregunta a tu clase. Completa la frase. (AT2/2-3)*

Speaking. Pupils first write the types of film next to the symbols, then do the survey and note the results. They identify and write down the class's favourite type of film.

2a *Escucha la cinta y mira la guía de cines. Numera las películas en el orden en que se mencionan. (AT1/4)*

Listening. Pupils listen to what's on at the cinema and number the films in the order in which they are mentioned.

– ¿Qué ponen en el cine Valderas?
– Ponen '101 dálmatas'.
– ¿A qué hora?
– A las seis y media.
– A las seis y media. ¿Y dónde ponen 'Mujercitas'?
– En el cine Parque Oeste.
– ¿A qué hora la ponen?
– A las cinco.
– ¿Qué más ponen en el cine Parque Oeste?
– A ver, ponen 'Star Trek' a las cinco y media.
– A las cinco y media. ¿Ponen 'Forrest Gump'?
– Sí, a las seis.
– ¿Quieres ver 'Forrest Gump'?
– Bueno...

2b *Escucha otra vez. ¿A qué hora empiezan las películas? (AT1/4)*

Listening. Pupils listen again and this time note down the times of the films.

2c *Pregunta a tu pareja. (AT2/2-3)*

Speaking. In pairs, pupils ask each other and answer questions about the film guide.

C Cuaderno page 36

1a *¿Qué tipo de películas prefieres? Márcalas en orden de preferencia. (AT3/1)*

Reading. Pupils number the films in order of their preference.

1b *Completa las frases, rellenando los espacios en blanco. (AT4/2)*

Writing. Pupils fill in the gaps to complete the sentences.

8 Locos por la música *(Pupil's Book pages 70–71)*

Main topics and objectives

- Asking about and saying what music you like
- Saying why you like it

Other aims

- Revising *me gusta*
- Learning more adjectives

Structures

¿Qué música te gusta?
Me gusta...
¿Por qué?
Porque   es...
          canta muy bien
          tiene mucho ritmo

Vocabulary

el heavy metal
la música clásica/soul/tecno/pop
la ópera
el reggae
el rock
dramático
fantástico
fenomenal
fuerte
guapo
marchoso
romántico

el cantante
el grupo

Resources

Cassette B Side B
Cuaderno page 37
Hojas de trabajo 60
                 61
                 62

---

1 *Escucha la cinta. ¿Quién habla?* (AT1/3–4)

Listening. Pupils listen to the tape and match the pictures of the speakers on page 70 to the interviews they hear.

Emparejad las fotos en la página 70 con las entrevistas que vais a oír.

Answers: **1** Enrique **2** Nuria **3** Elvira **4** Gregorio **5** Nicolás

– ¿Qué música te gusta?
– Me gusta el rock, especialmente el heavy metal.
– ¿Por qué?
– Porque es fuerte.
– ¿Cuál es tu grupo preferido?
– Mi grupo preferido es Metálica. Son fantásticos.

– ¿Quién es tu cantante preferido?
– Mi cantante preferido es Mark Owen de 'Take That'.
– ¿Por qué te gusta?
– Porque canta muy bien y es muy guapo.

– ¿Qué música te gusta?
– Me gusta la música tecno.
– ¿Por qué?
– Pues porque me gusta bailar y es música marchosa.

– ¿Qué música prefieres?
– Me gusta la música soul.
– ¿Por qué?
– Porque tiene mucho ritmo.

– ¿Qué música te gusta?
– Me gusta la música clásica, especialmente la ópera.
– ¿Por qué?
– Porque es romántica y dramática.
– ¿Qué cantantes de ópera te gustan?
– Me gustan mucho Plácido Domingo, José Carreras y Pavarotti. Son fenomenales.

EL TIEMPO LIBRE

2   Pregunta a tu pareja. (AT2/3–4)

Speaking. In pairs, pupils ask each other the three questions on page 70 and answer, giving a reason. Example:
– ¿Qué música te gusta?
– Me gusta la música tecno.
– ¿Por qué?
– Es marchosa.

3   Escucha la cinta. (AT1/5–6)

Listening. Pupils listen to the song on page 70 and then sing along with it.

La cucaracha, la cucaracha
ya no puede caminar
porque le faltan, porque no tiene
las dos patitas de atrás.

La cucaracha, la cucaracha
ya no puede caminar
porque le faltan, porque no tiene
las dos patitas de atrás.

La vaca es un animal
todo forrado de cuero
La vaca es un animal
todo forrado de cuero
tiene las patas tan largas
tiene las patas tan largas
tiene las patas tan largas
que le llegan hasta el suelo.

El león es el rey de la selva
con su elegante melena
El mono se sube al árbol
el mono se sube al árbol
ayudándose con la cola.

Pero el más alto de todos
es sin duda la jirafa,
Pero el más alto de todos
es sin duda la jirafa,
y con su cuello que es tan largo
y con su cuello que es tan largo
mira el mundo desde arriba.

Y si ven al rinoceronte
primo del gran elefante,
Y si ven al rinoceronte
primo del gran elefante,
estos son los más pesados
estos son los más pesados
de todos los animales.

La cucaracha, la cucaracha
ya no puede caminar
porque le faltan, porque no tiene
las dos patitas de atrás.

La cucaracha, la cucaracha
ya no puede caminar
porque le faltan, porque no tiene
las dos patitas de atrás.

4   La música en el mundo hispano (AT3/5)

Reading. Pupils read the text on page 71.

Leed el artículo 'La música en el mundo hispano'.

Here are some suggested questions to be answered in Spanish:

Contestad las siguientes preguntas en español.

1 ¿De dónde vienen las castañuelas?
2 ¿Qué es el Flamenco?
3 La Gaita se toca en España y en…?
4 ¿Quién es Julio Iglesias?
5 ¿Dónde vive?
6 ¿Qué instrumentos tocan los Mariachis?
7 Nombra dos cantantes famosos de ópera de España.
8 ¿De dónde vienen los siguientes bailes?
   (a) la Rumba (b) la Sardana (c) el Tango
9 ¿Qué instrumentos tocan los miembros de La Tuna?
10 ¿Quiénes son?

H   Hoja de trabajo 60

1   Lee la página setenta y una y elige las respuestas correctas. (AT3/5)

Reading. Further questions on the reading passage, with multiple-choice answers.

Answers: **1**c **2**a **3**b **4**a **5**c **6**c **7**c **8**a **9**b **10**a

2   Rellena los espacios en blanco con las palabras de la lista. (AT3/5)

Reading/Writing. A gap-filling exercise based on the reading passage.

Answer: El **flamenco** es la música y el **baile** típico del **sur** de **España**. Tiene mucho **ritmo** y es muy **dramático**. Los **instrumentos** de este tipo de música son la **guitarra** y las **castañuelas**. En el **noreste** el baile **tradicional** es la **sardana** que es un baile comunal.

H Hoja de trabajo 61

1a *Escucha la cinta y escribe qué música prefieren estos jóvenes. (AT1/3)*

Listening. Pupils listen to interviews and note down the types of music the speakers prefer.

- Javier, ¿qué música te gusta?
- Me gusta el rock.
- ¿Por qué?
- Porque es fuerte.

- Natalia, ¿qué música te gusta? ¿Te gusta el rock?
- No me gusta nada el rock. Me gusta el reggae.
- ¿Por qué?
- Pues porque tiene mucho ritmo.

- Jorge, ¿qué música prefieres?
- Me gusta la música soul.
- ¿Por qué?
- Porque me gusta bailar y es muy marchosa.

- Alejandro, ¿qué música te gusta?
- Me gusta la música clásica.
- ¿Por qué?
- Porque es romántica y dramática.

- Conchita, ¿qué música prefieres?
- Me gusta la música pop. Mi grupo preferido es East 17 porque cantan muy bien y son muy guapos.

1b *Escucha la cinta otra vez y marca en la ficha las razones por las cuales les gusta ese tipo de música. (AT1/3)*

Listening. Listening again, pupils indicate on the grid the reasons each person gives.

2 *Escribe una frase sobre cada persona. (AT4/3)*

Writing. Using the information from Activities 1a and 1b, pupils write a sentence about each person.

H Hoja de trabajo 62

1 *Lee las cartas y contesta las preguntas. (AT3/4)*

Reading. After reading the identity cards, pupils answer the questions.

Answers: **a** 18 años **b** en Canadá **c** Evelyn R. Quijano **d** Aneli **e** postales **f** ir a la playa, escuchar música, ver la televisión, leer revistas y hacer amigos **g** Yerany Morillo **h** Georgina Anguiano

2 *Escribe una entrevista con una de las personas mencionadas en esta página. (AT4/4)*

Writing. Pupils choose one of the people on the page and write an interview with him or her.

3 *Rellena el cupón con tus datos personales. (AT4/2–3)*

Writing. Pupils give similar details about themselves.

4 *Escribe una carta a la persona que más te interesa. (AT4/4–5)*

Writing. Pupils choose a person to write to.

C Cuaderno page 37

1 *Elige la frase más apropiada para cada dibujo. (AT3/2)*

Reading. Pupils choose the most appropriate sentence to go with each picture.

Answers: (examples) **a** 12 **b** 17 **c** 6/8 **d** 10 **e** 15/3

2 *Pega fotos de tu grupo y cantante preferidos en el espacio y contesta las preguntas. (AT4/3)*

Writing. Pupils stick pictures of their favourite pop group and singer in the space and answer the questions.

EL TIEMPO LIBRE

Resumen (Pupil's Book page 72)

This is a summary of the language in Tema 4.

Resources

Cuaderno pages 38 & 39
Hojas de trabajo   63 (Tema 4 Gramática 1)
                  64 (Tema 4 Gramática 2)

H Hoja de trabajo 63

1 *Empareja el deportista con el deporte apropiado y escribe 'Juega al...' o 'Practica el/la...' antes del nombre de cada deporte.*

Names of sports and use of *jugar a* and *practicar*. Pupils match up the sportspeople with their sports and complete the sentences.

Answers:
  a Rory Underwood juega al rugby.
  b Gabriela Sabatini juega al tenis.
  c Ryan Giggs juega al fútbol.
  d Sally Gunnell practica el atletismo.
  e Miguel Induráin practica el ciclismo.
  f Nigel Mansell practica el automovilismo.

2 *Escribe el verbo apropiado para completar las frases. Luego escribe tus opiniones sobre el pasatiempo. Mira el ejemplo.*

First person verb forms and *(No) me gusta*. Pupils complete and write sentences.

Answers: **b** Hago **c** Toco **d** Veo **e** Voy **f** Escucho **g** Salgo **h** Juego **i** Leo

3 *Escribe frases sobre tus pasatiempos, empleando estas palabras.*

Pupils write sentences using first person verbs.

4 *Escribe preguntas para hacer a un/a nuevo/a amigo/a español/a empleando estas palabras.*

Pupils write questions using second person verbs.

H Hoja de trabajo 64

1 *Escribe la forma apropiada del verbo* ir *para completar las preguntas y las respuestas.*

Present tense of *ir*. Pupils complete the sentences using the correct form of the verb.

Answers: **1** Voy **2** Voy **3** Vamos **4** vas **5** vamos **6** van

2 *Escribe la forma apropiada del verbo* ser *para completar las preguntas y las respuestas.*

Present tense of *ser*. Pupils complete the sentences using the correct form of the verb.

Answers: **1** Es **2** Soy **3** es **4** es/Es **5** sois **6** son **7** es **8** son

C Cuaderno page 38

1 *Escribe las palabras apropiadas en los espacios para completar la carta y luego escribe una carta parecida. (AT3/3, AT4/3–4)*

Reading/Writing. Pupils first fill in the gaps and then write a similar letter.

Answers: tal; llamo; la natación; juego; judo; leer; (las telenovelas); policíacas

2 *Lee las descripciones de las personas y luego escribe la letra A, B, C, D, E o F para indicar el nombre correcto de cada persona. (AT3/2)*

Reading. Pupils read the descriptions of the people and then put a letter by the person that matches that description.

Answers: from left: A, D, C, F, E, B

C **Cuaderno page 39**

¿Conoces muy bien a tu amigo/a? Contesta estas preguntas. (AT3/2, AT4/3)

Reading/Writing. Pupils answer the questions about a friend. They then ask their friend the questions to see if they are right.

Prepárate (Pupil's Book page 73)

Resources
Cassette B Side B

A Escucha

1 Escucha la cinta y empareja las actividades con los dibujos apropiados. (AT1/2)

Pupils listen to the tape and match the activities to the appropriate drawings.

Answers: 1B 2A 3E 4F 5C 6D

1 En mi tiempo libre veo la televisión.
2 Me gusta escuchar música.
3 Me gusta ir al cine.
4 Salgo con mis amigos.
5 Juego con el ordenador.
6 Me gusta leer.

B Habla

1 Trabaja con tu pareja. Completa las preguntas con las palabras apropiadas y contéstalas. (AT2/2–3)

Pupils work with a partner and complete the gaps. They then answer the questions.

Answers: **a** practicas **b** juegas **c** al **d** haces

C Lee

Un amigo que no habla español tiene una carta de España. Lee la carta y contesta las preguntas. (AT3/4)

Pupils read the letter and answer the questions in Spanish.

Answers:
1 Se llama Victoria.
2 Vive en Jerez en el sur de España.
3 Practica la natación, la gimnasia y el atletismo.
4 Le gusta salir con sus amigos, escuchar música, ver la televisión.
5 Las películas.
6 Las telenovelas. Son aburridas.

D Escribe

1 Escribe una frase para cada dibujo empezando con 'Me gusta/No me gusta'. (AT4/3)

Guided writing using pictures.

Answers: (No) me gusta... **A** el atletismo **B** el voleibol **C** el ciclismo **D** le equitación **E** el fútbol **F** la gimnasia **G** el hockey **H** la natación **I** el tenis de mesa **J** el rugby **K** el tenis **L** la vela.

2 Escribe lo que haces en tu tiempo libre durante la semana. Escribe un pasatiempo diferente para cada día. (AT4/3–4)

Pupils write about their pastimes, choosing a different one for each day of the week.

EL TIEMPO LIBRE

Tema 4 Prueba

A Escucha

1 *Escucha la cinta y elige el dibujo apropiado de cada par. (AT1/2)*

Pupils listen to the tape and select the correct answer from each pair.

Answers: **1**b **2**a **3**b **4**b **5**a

Total: 5 marks

1 Juego con los videojuegos.
2 Juego al baloncesto.
3 Escucho música.
4 Salgo con mis amigos.
5 Voy al cine.

2 *Escucha la cinta. Escribe a qué hora ponen estos programas y qué tipo de programas son. (AT1/3)*

Pupils write down the type of programme and the time.

Answers:
1 Science fiction/11.30
2 Romantic film/10.00
3 Soap opera/8.00
4 Football/7.00
5 News/2.00

1 mark for each programme type and 1 mark for each time.

Total: 10 marks

1 – ¿A qué hora ponen 'Planeta prohibido'?
– A ver... a las once y media. ¿Qué es 'Planeta prohibido'?
– Es una serie de ciencia ficción.
– ¿Ciencia ficción? Me gustaría verlo.

2 – ¿Qué hay en la tele?
– Pues a las diez ponen 'Mi Chica'.
– ¿Qué es eso?
– Pues es una película romántica con Macaulay Culkin.
– ¿Una película con Macaulay Culkin? ¡Fenomenal!

3 – A las ocho ponen 'Valentina'.
– ¿Qué tipo de programa es 'Valentina'?
– Es mi novela preferida.
– ¡Una novela! ¡Qué horror!

4 – ¿A qué hora ponen el fútbol?
– ¿Hay fútbol esta noche?
– Sí, la liga española.
– ¡Ah sí! A ver... a las siete en el Canal 2.

5 – A las dos ponen el 'Telediario'.
– ¿Qué tipo de programa es el 'Telediario'?
– Está claro. Son las noticias.
– Bueno, bueno...

B Habla

1 *Trabaja con un amigo o una amiga. Mira los dibujos. Invita a salir a tu amigo o amiga. (AT2/2)*

Pupils look at the drawings a–e and ask their partner out. He or she responds either positively: *de acuerdo* or negatively: *no puedo.*

Total: 5 marks

2 *Trabaja con un amigo o una amiga. Haz el papel de estos jóvenes. Invita a salir a tu pareja. (AT2/3)*

Pupils act out the roles with a partner.

1 mark for each type of programme and 1 mark for each time.

Total: 6 marks

C Lee

1 *Empareja las preguntas con las respuestas apropiadas. (AT3/2)*

Pupils match up the numbers of the questions to their answers.

Answers:

1 Juego al fútbol y practico la natación.
2 No, prefiero jugar al tenis.
3 Ponen una comedia a las seis.
4 No, no puedo. Tengo que visitar a mis abuelos.
5 Sí, toco el piano.

Total: 5 marks

2 *Mira la guía de televisión y contesta las preguntas. (AT3/3)*

Pupils look at the TV guide and answer questions 1–5 in Spanish.

Answers: **1** Armas invencibles **2** A las 20.30 **3** A las 11.25 y a las 18.20 **4** Alejandra y Marielena **5** Llegaron del espacio

Total: 5 marks

D Escribe

1 *Mira los dibujos. Descifra los anagramas y escribe los nombres de los deportes. (AT4/2)*

Pupils work out what the anagrams are.

Answers: **1** ciclismo **2** baloncesto **3** natación **4** fútbol **5** voleibol

Total: 5 marks

2 *Escribe una carta a un amigo o una amiga español/a explicándole lo que haces en tu tiempo libre. (AT4/3)*

Pupils write a letter to a Spanish friend explaining what they do in their leisure time.

1 mark for each activity mentioned plus additional marks for correct use of *me gusta(n)..., me gusta* + infinitive, *juego al/a la..., practico el/la...* up to a maximum of 14.

Total: 14 marks

Total marks for Test: 55 marks

Tema 5: ¡Qué rico! (Pupil's Book pages 74–91)

Unidad	Main topics and functions	Programme of Study Part I	Programme of Study Part II	Grammar
Tengo hambre (pp. 74–75)	Saying you're hungry or thirsty Asking if someone is hungry or thirsty Asking for something to eat or drink Asking what someone would like to eat or drink	2d, 3c	A	¿Tienes hambre/sed? Sí, tengo hambre/sed No, no tengo hambre/sed ¿Quieres comer/tomar algo? ¿Qué quieres comer/tomar? Quiero un/una...
¡Oiga, camarero! (pp. 76–77)	Ordering food and drink in a café	2a, 3i	A, B	¡Oiga, camarero! ¿Qué van a tomar? Para mí un/una...
Un bocadillo, por favor (pp. 78–79)	Ordering food and drink in a café Understanding that something is not available	3f, 4c	A, B	¿Qué vas a tomar? No hay...
La cuenta, por favor (pp. 80–81)	Asking for the bill Numbers 100–5000 Spanish money	2a, 3b	A	La cuenta, por favor ¿Cuánto es por...?
¿Qué te pasa? (pp. 82–83)	Parts of the body Saying that you are ill Saying that something hurts	1a, 2b	A	¿Qué te pasa? ¿Qué te duele? Me siento mal Me duele(n) el/la/los/las...
¿Qué comes? (pp. 84–85)	Stating meal times Saying what you eat Daily routine	2i, 3g	A	Present tense of comer and tomar ¿A qué hora tomas el...?
¡Que aproveche! (pp. 86–87)	Talking about healthy eating Fruit and vegetables	3d, 3e	A	¿Te gusta el/la...? ¿Te gustan los/las...? ¿Qué quieres comer/beber?
Un quiz (pp. 88–89)	Food (Revision) Learning about the origins of foods	2h, 2j	A	¿Te gusta...? Me gusta... ¿Te gustan...? Me gustan... ¿De dónde es/son?
Resumen (p. 90)	Revision			
Prepárate (p. 91)	Revision (practice test)			

1 Tengo hambre (Pupil's Book pages 74–75)

Main topics and objectives

- Saying you're hungry or thirsty
- Asking if someone is hungry or thirsty
- Asking for something to eat or drink
- Asking what someone would like to eat and drink

Other aims

- Learning names of eating places

Structures

¿Tienes hambre/sed?
Sí, tengo hambre/sed
No, no tengo hambre/sed
¿Quieres comer/tomar algo?
¿Qué quieres comer/tomar?
Quiero un/una...
Está lleno/a
Está cerrado/a

Vocabulary

la cafetería
la hamburguesería
la heladería
la pizzería
el restaurante

un bocadillo
una hamburguesa
un helado
una pizza

agua
un batido
una Coca Cola
una limonada
una naranjada

Resources

Cassette C Side A
Cuaderno page 40
Hojas de trabajo 65
 66
Flashcards 70–73, 77–79, 81

1a *Escucha la cinta. Fernando y Felipe van a un partido de fútbol. (AT1/4)*

Listening. Pupils listen to Fernando and Felipe arranging to go to a football match. They hear the boys saying how hungry and thirsty they are.

Escuchad la cinta. ¿Qué quieren tomar los chicos?

- Hola Fernando, ¿quieres ir al partido? Tengo dos entradas.
- ¡Fenomenal! ¿Nos encontramos a las tres en la plaza?
- De acuerdo. Hasta luego.

- ¿Qué tal?
- Bien, pero tengo hambre. ¿Quieres comer algo?
- Bueno. ¿Qué quieres comer? ¿Un bocadillo? ¿Una hamburguesa? ¿Un helado? ¿Una pizza?
- Quiero una pizza. Y tú, ¿tienes hambre?
- No mucho. Tengo sed, quiero tomar algo.
- ¿Qué quieres tomar?
- No sé.

- ¿Quieres una limonada? ¿Una Coca Cola? ¿Agua? ¿Un batido?
- Sí, quiero tomar un batido.
- ¿Vamos a la pizzería?
- Está bien.

- Está llena. ¿Quieres una hamburguesa?
- Vale. Vamos a la hamburguesería.

- Está cerrada. Mala suerte.
- Pues vamos a la cafetería entonces...

Socorro

This gives the vocabulary from the cartoon strip.

1b *Lee la tira cómica con tu pareja. (AT3/4)*

Reading. Pupils read the comic strip with their partner. Each plays the part of one of the boys.

¡QUÉ RICO!

1c *Contesta estas preguntas. (AT2/2, AT4/2)*

Speaking or Writing. Pupils answer the questions on page 75. They have to deduce answer **c** by grasping the pattern *-ería*.
– ¿Dónde compras una pizza?
– En una pizzería.

Answers: **a** hamburguesería **b** cafetería **c** heladería

2 *Pregunta a tu pareja. (AT2/3–4)*

Speaking. Pupils ask each other questions using the grid on page 75.

Trabajad con vuestra pareja. Utilizad el cuadro en la página 75 para hacer preguntas.

– ¿Tienes hambre?
– Sí, tengo hambre.
– ¿Tienes sed?
– No, no tengo sed.
– ¿Vamos a la pizzería?
– De acuerdo, vamos.

Take pupils through this exercise step by step, doing each exchange with them.

Ask your class: **¿Cuál es el sitio más popular?**
Do a brief survey and mark the results on the board.
Class: **Levantad la mano si preferís ir a la pizzería.**
Individuals: **¿Prefieres la pizzería?** (reply: *No, prefiero el restaurante.*)

H Hoja de trabajo 65

1 *Escucha la cinta. ¿Qué quieren comer y beber estos jóvenes? Empareja los jóvenes con la comida y la bebida. (AT1/3)*

Listening. Pupils pair up the speakers with the pictures of food and drink.

Answers: Elvira 2; Rubén 1; Bernardo 4

– Elvira, ¿qué quieres comer?
– Quiero una pizza.
– ¿Y qué quieres beber?
– Pues quiero una limonada.
– Y tú, Rubén, ¿qué quieres tomar?

– Una hamburguesa. No... dos... Quiero dos hamburguesas y un batido. Tengo mucha hambre. Y tú, Bernardo, ¿qué quieres comer?
– No tengo hambre. Quiero un bocadillo y un agua mineral.

2 *Escucha la cinta y elige el dibujo correcto para cada número. (AT1/2)*

Listening. Pupils listen to the tape and choose the picture from each pair that matches what they hear.

Answers: **1**a **2**b **3**a **4**b **5**a

1 Tengo hambre.
2 No tengo sed.
3 Tenemos hambre.
4 No tenemos sed.
5 Tengo sed.

H Hoja de trabajo 66

1a *Pregunta a tu clase. ¿Cuál es el sitio más popular? (AT2/2–3)*

1b *Completa la frase. (AT4/1)*

Speaking/Writing. Using the grid provided, pupils carry out a class survey to find out which is the most popular eating place. They then note down the result.

C Cuaderno page 40

1 *Mira los dibujos y completa las frases. (AT4/2–3)*

Writing. Pupils look at the pictures and complete the sentences describing them.

Answers:
1 hambre/comer/bocadillo
2 pizza/hamburguesa
3 tomar/limonada/sed
4 Quieres/tengo/quiero
5 Quiero/tienes/Tengo/tomar (beber)
6 quieres/Quieres/tengo/Quiero/helado/hambre

2 *Completa los nombres de estos lugares donde se puede comer. (AT4/2)*

Writing. Pupils complete the names of the eating places.

Answers: heladería; cafetería; restaurante; bar; pizzería; hamburguesería

2 ¡Oiga, camarero! (Pupil's Book pages 76–77)

Main topics and objectives

- Ordering food and drink in a café

Structures

¡Oiga, camarero!
¿Qué van a tomar?
Para mí un/una…
¿Y para beber?
¿Algo más?
Nada más

Vocabulary

un bocadillo de jamón
una ensalada
una hamburguesa
pan
una pizza
una ración de patatas fritas
una tortilla española

un helado de chocolate
un helado de fresa
un helado de vainilla

un agua mineral
un batido
un café solo/con leche
una Coca Cola
una limonada
una naranjada

Resources

Cassette C Side A
Cuaderno page 41
Hoja de trabajo   67
                        68
                        69
                        70

Flashcards 70–81

---

1   *Escucha la cinta. (AT1/4)*

Listening/Reading. Pupils listen to Fernando and Felipe ordering something to eat and drink in a restaurant.

¿Qué quiere tomar Fernando? ¿Cómo se dicen estas cosas en inglés?

- ¡Oiga, camarero!
- ¿Qué van a tomar, señores?
- Para mí la tortilla española, una ración de patatas fritas, una ensalada, un bocadillo de jamón… ¡Ah! Y pan.
- ¿Algo más?
- Sí, un helado grande, de chocolate, fresa y vainilla.
- ¡Qué exagerado!
- ¿Y para beber?
- Pues un batido. ¡Ah! y después café con leche, por favor.
- ¡Qué bruto!

Socorro

The vocabulary from Unit 2 is listed.

2a *Mira las fotos y mira el menú en la tira cómica. Adivina y escribe lo que van a comer estos jóvenes. (AT3/2, AT4/1–2)*

Reading/Writing. Pupils look at the four photos on page 77 and the menu on page 76. Ask them to guess what each person is going to order to eat and drink.

Mirad las fotos y el menú en la tira cómica. Adivinad lo que van a comer o a beber los jóvenes. Escribid lo que piensan en un papel.

2b *Escucha la cinta. Compara lo que dicen que van a tomar los jóvenes con lo que has escrito. (AT1/3)*

[H] Listening. Pupils now listen to the four young people ordering something to eat and drink. They can use the grid on **Hoja de trabajo 67** (Activity 1) to note the responses and then compare these with what they have written down. You could ask pupils to tick the food or drink on their list if they hear it mentioned, and count the number of ticks at the end.

Comparad lo que dicen los jóvenes con lo que habéis escrito en vuestros cuadernos. Marcad la palabra apropiada.

Answers: **1** hamburger/fries/lemonade
2 Spanish omelette/salad/mineral water

¡QUÉ RICO!

3 pizza/white coffee (coffee with milk)
4 vanilla ice-cream/orangeade/black coffee

1 – ¿Qué va a tomar, señorita?
   – Pues para mí una hamburguesa.
   – ¿Algo más?
   – Sí, quiero una ración de patatas fritas.
   – ¿Y para beber?
   – Una limonada, por favor.

2 – ¿Qué va a tomar, señor?
   – Para mí una tortilla española y ensalada.
   – ¿Y para beber?
   – Agua mineral.

3 – ¿Qué va a tomar, señor?
   – Quiero una pizza, por favor.
   – ¿Algo más?
   – Nada más, gracias.
   – ¿Para beber?
   – Pues un café con leche.

4 – ¿Qué va a tomar, señorita?
   – Para mí un helado de vainilla, por favor.
   – ¿Para beber?
   – Pues una naranjada.
   – ¿Algo más?
   – Sí, un café solo.

3 *Mira el menú en la tira cómica. Con tu pareja haz los papeles del camarero y del cliente y pide algo de comer y beber del menú. (AT2/4)*

[H] Speaking. Pupils look at the comic strip on page 77. In pairs, they play the roles of the waiter and the customer ordering something to eat and drink. There is support for this activity on **Hojas de trabajo 68, 69 & 70** (see below).

Mirad el menú en la tira cómica. Con vuestra pareja haced los papeles del camarero y del cliente. Pedid algo de comer y beber del menú.

Writing. Have pupils design their own menus.

Display work

Ask pupils to find Spanish food and drink labels and packaging to make a collage. For example: stickers on fruit (oranges, bananas, figs, strawberries), labels on fruit boxes, bottles of wine, cans/bottles of beer, olives, sardines, olive oil, packets of saffron, nuts, chorizo, turrón and chocolate.

[H] **Hoja de trabajo 67**

2 *Empareja los pedidos con las comidas. (AT3/2)*

Reading. Pupils pair up the written orders with the pictures of meals.

Answers: **a**2 **b**6 **c**5 **d**1 **e**3 **f**4

[H] **Hojas de trabajo 68, 69 & 70**

1a *Pregunta a tu pareja lo que quiere comer y beber y escríbelo. (AT2/3)*

Speaking/Writing. Pupils ask their partner questions with the help of the speech bubbles. They write down the answers on the pads, as if they were a waiter/waitress.

1b *Pregunta a otras personas de tu clase. (AT2/3)*

Speaking/Writing. Pupils ask other classmates the same questions and write down the answers as above.

2 *Dile a tu pareja lo que quieres comer y beber. (AT2/4)*

Speaking. Working in pairs and with the help of the speech bubbles, pupils play the roles of waiter/waitress and customer. The cards can be cut up and turned face down; the pupil turns over a card and uses it as a prompt.

A/B *Pregunta a tu pareja lo que va a comer y beber y compara tu lista con la suya. (AT2/4)*

Speaking. Pupils role-play a pair of customers in a restaurant, using the pictures as prompts. They both note down the combined order and then check that their lists match.

[C] **Cuaderno page 41**

1 *Elige algo de comer y beber del menú y escribe tus respuestas en los espacios en blanco. (AT3/2, AT4/2–3)*

Reading/Writing. Pupils choose something to eat and write down what they would say to the waiter.

2 *Escribe tu menú ideal. (AT4/2)*

Writing. Pupils write their own menu.

3 Un bocadillo, por favor *(Pupil's Book pages 78–79)*

Main topics and objectives
- Ordering food and drink in a café

Other aims
- Understanding that something is not available
- Using the verb *tener* (to have)

Structures
¿Qué vas a tomar?
No hay...
No hay ni... ni...
¡Qué rico!
¡Que aproveche!

Vocabulary
un bocadillo de chorizo/de jamón/de queso
un helado de chocolate/de fresa/de plátano/de vainilla

Resources
Cassette C Side A
Cuaderno page 42
Hoja de trabajo 71
Flashcards 77–79

Background information: food and drink, meal times

El desayuno
Breakfast is a simple, quick, unimportant meal. It usually consists of coffee or hot chocolate with bread, toast *(unas tostadas)* or cakes.

Mid-morning (10.00 to 11.00 a.m.)
Many people eat a roll *(un bocadillo)* for a mid-morning snack. Some of the older generation may also have a drink: *un bocadillo con una cerveza* or *un bocadillo con un carallito* (a strong black coffee laced with rum).

La comida (2.00 to 3.00 p.m.)
Traditionally workers would avoid the hottest part of the day by eating and sleeping; working habits, traffic and air-conditioning have changed this, but many still come home for lunch. This is their main meal of the day, usually of three courses, and is followed by a two-hour *siesta* before returning to work. Modern business dictates shorter and lighter lunches! Many restaurants have a special lunchtime menu called *un plato combinado*. This usually has three courses and is very good value.

La merienda (5.00 to 7.00 p.m.)
A light meal equivalent to our 'afternoon tea' is popular with younger and older people. Children may have *un bocadillo* after school and older people, especially women, often go to cafés for (camomile) tea with cakes: *té (infusión de manzanilla) con pasteles* or hot chocolate: *un chocolate caliente*; this is thicker, sweeter and far richer than our own drinking chocolate. Usually a cake or biscuit is dipped into it; in Spain everybody 'dunks'. *Churros* (long doughnuts) are often eaten *con chocolate* during festivals or after an all-night party.

La cena (9.00 p.m. onwards)
People generally have a light meal in the evening. Many people meet up with family and friends in bars and cafés. Sitting out in squares and terraces they drink and eat *tapas*: small portions of a wide variety of snacks such as *calamares, chorizo, pescaditos, aceitunas, patatas bravas* and *tortilla*.

1 *Escucha la cinta. (AT1/4)*

Listening. Pupils listened to Fernando ordering food and drink in the last unit. Now they will listen to Felipe ordering. Unfortunately he is less successful.

Mirad la tira cómica en la página 78. ¿Por qué no está feliz Felipe?

– ¿Y para usted?
– Para mí un bocadillo de jamón.
– No hay jamón.
– Pues un bocadillo de queso.

¡QUÉ RICO!

- No hay queso ni jamón, hay chorizo.
- Bueno, pues un bocadillo de chorizo.
- No hay pan.
- ¿Qué? Pues una tortilla entonces.
- Ya no hay tortilla.
- Pues ¿tiene helado de chocolate?
- No tenemos de chocolate, ni de vainilla, ni de fresa. Ya no hay helado.
- Pues una limonada.
- ¡Mmmm! ¡Qué rico! Que aproveche.

2a *¿De qué son estos bocadillos? (AT4/2)*

Writing. Pupils look at the pictures of sandwiches on page 78 and write down what they are.

Escribid de qué son los bocadillos. Por ejemplo: un bocadillo de jamón.

Answers: **1** dos bocadillos de jamón **2** un bocadillo de jamón y queso **3** un bocadillo de chorizo

2b *¿De qué son estos helados? (AT4/2)*

Writing. Pupils look at the pictures of ice-creams and write down what flavour they are.

¿De qué sabores son estos helados? Escribidlos en los cuadernos.

Answers: **1** un helado de vainilla **2** dos helados de fresa **3** un helado de chocolate

2c *Pide un bocadillo y un helado a tu pareja. (AT2/2–3)*

Speaking. Pupils look at the sandwich board on page 78 and ask their partner what he or she is going to have.

Mirad el menú en la página 78. Preguntad a vuestra pareja qué va a tomar. Por ejemplo: ¿Qué vas a tomar? Vuestra pareja mira el menú y da su orden. Por ejemplo: Un bocadillo de queso y un helado de chocolate.

3 *Escucha la cinta. ¿Qué bocadillos y helados no hay en la cafetería? (AT1/3)*

Listening. Pupils listen to three young people ordering food and drink in a café. They mark on the grid on **Hoja de trabajo 71** (Activity 1) the sandwiches and ice-creams not available.

¿Qué bocadillos y helados no hay en la cafetería? Escribidlos en la hoja de trabajo.

Answers: **1** vainilla **2** queso

¿Qué van a tomar?
- Para mí un bocadillo de jamón y un helado de vainilla.
- Vainilla no hay.
- Pues de chocolate.

- Para mí un bocadillo de jamón y uno de queso.
- Queso no hay.
- Dos bocadillos de jamón entonces.
- ¿Algo más?
- Sí, un helado de fresa.

- ¿Qué va a tomar, señorita?
- Para mí un bocadillo de chorizo.
- ¿Algo más?
- Nada más, gracias.

Pupils listen to the tape again and write down the final order for each person.

Answers: **1** un bocadillo de jamón/un helado de chocolate **2** dos bocadillos de jamón/un helado de fresa **3** un bocadillo de chorizo

Gramática

This sets out the present tense of **tener** (to have).

Information technology

Six Spanish Games (AVP): Eating out
The Complete Wordsearch (AVP): Make up a wordsearch for food and drink covered in this unit.

H Hoja de trabajo 71

2 *Escucha la cinta. Escribe lo que piden los tres jóvenes. (AT1/3)*

Listening/Writing. Pupils listen and write out what the three people order.

Answers:
1 un bocadillo de jamón y queso, un helado de vainilla
2 un bocadillo de queso, un helado de fresa
3 un bocadillo de chorizo, un helado de vainilla

🔊 1 – ¿Qué va a tomar, señorita?
  – Un bocadillo de tortilla.
  – De tortilla no hay.
  – Pues un bocadillo de jamón y queso.
  – ¿Algo más?
  – Sí, un helado de vainilla.
  – En seguida, señorita.

2 – ¿Qué va a tomar, señor?
  – Un bocadillo de queso y un helado de chocolate.
  – Lo siento, pero de chocolate no hay.
  – Pues de fresa entonces.
  – Muy bien.

3 – ¿Qué va a tomar, señora?
  – ¿Tiene bocadillos de tortilla?
  – No, de tortilla no hay. Tenemos de chorizo, jamón y queso.
  – ¡Qué pena! Pues de chorizo entonces.
  – ¿Algo más?
  – ¿Hay helados?
  – Sí, de fresa y vainilla. De chocolate no tenemos.
  – Pues de vainilla entonces.
  – En seguida, señora.

3 *Pide bocadillos y helados a tu pareja. (AT2/3–4)*

Speaking. In pairs, pupils take turns to ask for sandwiches or ice-creams and answer with reference to the board.

C **Cuaderno page 42**

1a *Mira el mostrador de esta cafetería. Mira el menú y marca lo que hay y lo que no hay. (AT3/2)*

Reading. Pupils look at the picture of the counter and mark on the menu what is missing from the counter.

Answers: Missing: bocadillo de chorizo, bocadillo de tortilla, pizza, hamburguesa, patatas fritas, helado de vainilla, helado de fresa

1b *Escribe una lista de lo que hay y otra de lo que no hay. (AT4/1–2)*

Writing. Pupils make a list of what is and what isn't available.

Answers:
Hay bocadillo de jamón, bocadillo de queso, tortilla española, ensalada mixta, helado de chocolate
No hay bocadillo de chorizo, bocadillo de tortilla, pizza, hamburguesa, patatas fritas, helado de vainilla, helado de fresa

1c *Elige algo de comer del menú. (AT4/1)*

Writing. Pupils choose something to eat from the menu.

4 *La cuenta, por favor.* (Pupil's Book pages 80–81)

Main topics and objectives
- Asking for the bill in a restaurant/café
- Numbers 100–5000

Other aims
- Using Spanish money

Structures
La cuenta, por favor
¿Cuánto es por…?
Tome usted
Préstame…
Me debes…

Vocabulary
un billete
el cambio
la comida
la cuenta
el dinero
las pesetas

en total

Resources
Cassette C Side A
Cuaderno page 43
Hoja de trabajo 72

Spanish coins and notes

¡QUÉ RICO!

1 Escucha la cinta. (AT1/4)

Listening. Pupils listen to Fernando and Felipe asking for the bill on page 80. Before listening to the tape, go over the larger numbers with your class. Look at **Socorro** on page 81, where the numbers are listed in tens.

– La cuenta, por favor.
– Tome usted.
– A ver, dos mil ochocientas cincuenta en total. ¿Cuánto es por mi limonada? Ciento cincuenta pesetas.
– ¿Cuánto es lo mío?
– 225 por el batido, 150 por el café más 280 la ensalada, 300 las patatas fritas más 600 el bocadillo, 595 el helado, 500 la tortilla y 50 el pan. Son 2.700 pesetas en total.
– ¡Ay, Felipe, no tengo dinero! Préstame 500 pesetas.
– 100, 200, 300, 400, 500. ¡Qué idiota eres! Tome… cinco mil pesetas.
– El cambio: 3.000, 4.000, 5.000.
– Me debes 2.700 pesetas por la comida, 750 por la entrada del partido de fútbol y las 500 pesetas. Son 3.950 en total.
– Vale…

Number games
Play a variety of money games before listening to the tape. You can appeal to pupils' gambling instinct! Examples:

Throwing dice: (2 = 200, 4 = 400) Pupils say how much they have scored.
Lotto, Buzz, Monopoly
Quizzes such as *Family Fortunes:* Here you could revise language learnt in the last unit.
Group game: Each person has a small number on a card; they hold up their cards in different combinations to create different numbers.
Adding up: Write a sum on the board; pupils call out the answer.

Vais a escuchar a los chicos pidiendo la cuenta.
¿Cuánto es la cuenta en total?
¿Cuánto cuesta la limonada? ¿Cuánto tiene que pagar Fernando?
Felipe entrega un billete de… ¿Cuánto debe Fernando en total? Escribid las respuestas en los cuadernos.

Answers: **1** 2.850 **2** 150 **3** 2.700 **4** 5.000 **5** 3.950

Put the answers on the board in random order. Pupils choose the correct number as they listen to the tape.

Pupils listen without looking at the cartoon strip.

2a Escucha la cinta y escribe los números que faltan en las cuentas. (AT1/3)

Listening. Pupils listen to the customers asking for the bill and fill in the missing numbers.

Vais a escuchar a las personas pidiendo su cuenta. Escribid los números que faltan en las cuentas.

Answers: **1** 655 **2** 1.275 **3** 710/1.546

1 – ¡Camarero! La cuenta por favor.
  – Ciento cuarenta pesetas, doscientas cincuenta y doscientas sesenta y cinco pesetas… son seiscientas cincuenta y cinco pesetas en total.

2 – La cuenta, por favor.
  – Son cuatrocientas veintiuno más ochocientas treinta y nueve más quince. Son mil doscientas setenta y cinco en total.

3 – ¡Oiga, camarero! La cuenta, por favor.
  – Son trescientas treinta y seis más quinientas más setecientas diez pesetas. Son mil quinientas cuarenta y seis.

2b Suma las cuentas con tu pareja. (AT2/2–3)

Speaking. Pupils add up the bills on page 81 with their partner.

El dinero español

This shows examples of Spanish notes and coins.

Coin rubbing. Ask pupils to bring in Spanish money if they have it. Those artistically inclined could try to draw one of the notes.

Mini test (AT2/2–3)

Tests the language learnt in units 1 to 4.

H Hoja de trabajo 72

1 Escucha la cinta. ¿Qué piden estas personas? ¿Cuánto es en total? (AT1/3)

113

Answers: **1** Una hamburguesa 610 ptas + un batido 150 ptas = 760 ptas; **2** Una pizza 620 ptas + una limonada 150 ptas = 770 ptas; **3** Una tortilla española 500 ptas + una ensalada 280 ptas = 780 ptas

Listening. Pupils listen to the tape and note down the orders and what the people have to pay.

1 – ¿Cuánto es una hamburguesa?
 – Seiscientas diez pesetas.
 – ¿Y un batido?
 – Ciento cincuenta pesetas.
 – ¿Cuánto es en total?
 – Setecientas sesenta pesetas.
 – Tome usted.

2 – ¿Cuánto es una pizza?
 – Seiscientas veinte pesetas.
 – ¿Y una limonada?
 – Ciento cincuenta.
 – ¿Cuánto es en total?
 – Son setecientas setenta pesetas en total.

3 – ¿Cuánto es la tortilla española?
 – Quinientas pesetas.
 – ¿Y la ensalada?
 – Doscientas ochenta pesetas.
 – ¿Cuánto es en total?
 – Setecientas ochenta pesetas en total.

2 *Pide el precio de estas cosas a tu pareja. (AT2/2)*

Speaking. In pairs, pupils ask and give the prices of the meals, using the menu in Activity 1.

Answers: **1** 620 + 150 = 770 **2** 610 + 150 = 760 **3** 150 + 150 = 300 **4** 225 + 100 = 325 **5** 200 + 150 = 350 **6** 500 + 150 + 100 = 750

3 *Pide el precio de varias cosas a tu pareja y pide el total. (AT2/3–4)*

Speaking. In pairs, pupils ask and give prices and tot up the totals, using the menu in Activity 1.

C **Cuaderno page 43**

1 *Lee los precios en el menú y mira lo que tienen los clientes. Empareja las cuentas con los clientes y rellena los precios y los totales. (AT3/2)*

Reading. Pupils match the bills to the customers and fill in the prices and totals.

Answers:
1e hamburguesa 535, patatas fritas 190, ensalada 280, batido 192.
Total: 1.197
2c pizza 610, ensalada 280, agua mineral 120.
Total: 1.010
3a bocadillo 405, agua mineral 125, café 120.
Total: 650
4b tortilla 300, helado 100, limonada 150.
Total: 550
5d bocadillo 405, helado 100, café 120.
Total: 625

¡QUÉ RICO!

5 ¿Qué te pasa? *(Pupil's Book pages 82–83)*

Main topics and objectives
- Saying that you are ill
- Saying that something hurts

Other aims
- Naming parts of the body

Structures
¿Qué te pasa?
Me siento mal
¿Qué te duele?
¿Te duele/duelen...?
Me duele el/la...
Me duelen los/las...
Lo siento

Vocabulary
los brazos
la cabeza
la espalda
el estómago
la garganta
las manos
las muelas
las piernas
los pies

Resources
Cassette C Side A
Cuaderno page 44
Hoja de trabajo 73

1a Escucha la cinta. (AT1/4)

Listening. Fernando and Felipe are now on their way to the football match. Pupils listen to Felipe trying to find out what is wrong with Fernando, who is obviously in pain.

Mirad la tira cómica en la página 82. ¿Qué le pasa a Fernando?

– ¡Ay!
– ¿Qué te pasa?
– Me siento mal.
– ¿Qué te duele? ¿Te duele la cabeza? ¿La garganta? ¿La espalda? ¿Te duelen los pies? ¿Las manos? ¿Las muelas? ¿Los brazos? ¿Las piernas?
– Me duele el estómago. ¡Necesito ir al servicio!
 Más tarde...
– No me siento bien. Voy a casa. Lo siento, adiós.
– ¡Pero Fernando...! El partido...

– ¡Hola, Felipe!
– ¡Hola Lucía! Mira, tengo una entrada para el partido de fútbol. ¿Quieres ir? Te invito.
– ¡Estupendo!

Socorro page 82

This lists expressions from the comic strip.

1b Lee la tira cómica con tu pareja. (AT3/4)

Speaking. Pupils read the comic strip with their partner.

Socorro page 83

This lists the vocabulary for parts of the body in this unit.

Game

Play the game *Simón dice* (Simon says) for further practice of parts of the body.

**Simón dice tócate la cabeza.
Simón dice tócate la garganta.
Tócate la mano.**

Pupils obey everything you say when you use *Simón dice*. When you leave out *Simón dice* pupils should not do as you say; any pupil who does is out. Start the game slowly and increase the pace.

Song

'Head, shoulders, knees and toes': Pupils put their own words to this popular song.

2a *Escucha la cinta. Pon los dibujos en el orden correcto. (AT1/2)*

Listening. Pupils listen to people saying that something hurts and look at the drawings on page 83. They put the drawings in the correct order.

Mirad los dibujos en la página 83. Poned los dibujos en el orden correcto.

Answers: **1**b **2**d **3**a **4**e **5**c

1 – ¿Qué te duele?
 – Me duelen los brazos.

2 – ¿Qué te pasa?
 – No me siento bien. Me duelen las muelas.

3 – ¿Qué te duele?
 – Me duele la garganta.

4 – ¿Qué te pasa?
 – Me duele la cabeza.

5 – ¿Qué te duele?
 – ¡Ay! Me duelen los pies.

2b *Tu pareja hace el papel de las personas de los dibujos. Pregúntale qué le pasa. (AT2/2)*

Speaking. In pairs, pupils take turns to play the part of the people in the drawings on page 83 and to ask questions.

Con vuestra pareja haced el papel de las personas en los dibujos y preguntad qué les pasa.

– ¿Qué te pasa?
– Me duele la cabeza.

3a *Escucha la cinta. Mueve las partes del cuerpo que te manda mover la profesora de gimnasia. (AT1/2)*

Listening. Pupils stand up and do as the gym teacher says.

Levantaos. Vais a mover las partes del cuerpo que os manda mover la profesora de gimnasia.

– ¡Mueve los brazos!
 ¡Mueve las piernas!
 ¡Mueve la cabeza!
 ¡Mueve los pies!
 ¡Mueve las manos!
 ¡Mueve la espalda!
 ¡Mueve el estómago!

¡Otra vez!
¡Los brazos...! ¡las piernas...! ¡la cabeza...! ¡los pies...! ¡las manos...! ¡la espalda...!
Y ¡el estómago...!

3b *Haz el papel de un profesor de gimnasia y manda a tu pareja mover varias partes del cuerpo. (AT2/2-3)*

Speaking. Pupils work with a partner or in small groups. They take turns to be the gym teacher and tell the others what to do.

H **Hoja de trabajo 73**

1 *Escucha la cinta. Termina de completar el horario de consultas médicas de la Clínica Santa Mónica con la información que falta. (AT1/4)*

Listening. Pupils listen to the phone conversations and fill in the missing details on the clinic's appointments sheet.

Answers:

5.15	Emilia Estefan García	brazo derecho
10.00	Juan Rodrigo	cabeza
5.00	Paquita Pérez	estómago
10.30	Ángel Ortiz	espalda
11.45	Javier Márquez	muelas

Ejemplo
– Buenos días, Clínica Santa Mónica, ¿dígame?
– Buenos días. Necesito una consulta médica.
– ¿Qué le pasa?
– Me duelen mucho los pies.
– ¿Su nombre, por favor?
– Paloma Ruiz Santiago.
– ¿A las nueve y cuarto le va bien?
– Sí, sí, muchas gracias. Adiós.
– Adiós... Paloma Ruiz Santiago, las nueve y cuarto, le duelen los pies.

– Clínica Santa Mónica, ¿dígame?
– Buenos días. Necesito ver al médico.
– ¿Qué le pasa?
– Me duele mucho el brazo derecho.
– El brazo.
– Sí, ¿puedo ir esta tarde?
– Sí, ¿a qué hora le conviene?
– ¿A las cinco y cuarto?

– Está bien. A las cinco y cuarto. ¿Su nombre, por favor?
– Emilia Estefan García.

– Buenos días, ¿dígame?
– Necesito una consulta médica.
– ¿A las diez le va bien?
– Sí, gracias, a las diez.
– ¿Su nombre?
– Rodrigo, Juan Rodrigo.
– ¿Qué le pasa?
– Me duele mucho la cabeza.
– La cabeza. Muy bien, Señor Rodrigo. Gracias, adiós.

– Buenos días, ¿dígame?
– Me duele el estómago. Necesito una consulta médica.
– ¿Las diez y cuarto le va bien?
– No, mejor por la tarde.
– ¿A las cinco?
– Sí, bien.
– ¿Su nombre, por favor?
– Paquita Pérez.
– Paquita Pérez, a las cinco, dolor de estómago.

– Clínica Santa Mónica, ¿dígame?
– Buenos días. Necesito ver al médico.
– ¿Su nombre, por favor?
– Miguel Ángel Ortiz.
– ¿Qué le pasa, Señor Ortiz?
– Me duele la espalda.
– ¿A las once?
– No, ¿puede ser antes?
– ¿A las diez y media?
– Estupendo, a las diez y media.

– Buenos días, ¿dígame?
– ¿Es posible tener una consulta con el dentista esta mañana?

– ¿A qué hora le conviene?
– ¿A las doce menos cuarto?
– Está bien, a las doce menos cuarto. ¿Su nombre, por favor?
– Javier Márquez. Me duelen mucho las muelas.

2 *¿Qué son? Escribe las palabras en el crucigrama. (AT4/2)*

Writing. Pupils complete the crossword with the help of the pictures.

Answers: **1** muelas **2** piernas **3** espalda **4** boca **5** manos

C **Cuaderno page 44**

1a *Empareja los pacientes con los globos. ¡Ojo! Hay nueve pacientes y sólo ocho globos. (AT3/2)*

Reading. Pupils pair up the patients with the speech bubbles.

Answers: 1c 2e 3g 4a 5d 6b 7–8f 9h

1b *Escribe lo que le duele al paciente que no tiene globo. (AT4/2–3)*

Writing. Pupils provide the missing sentence.

Answer: Le duele el estómago.

2 *Mira el dibujo y escribe los nombres de las partes del cuerpo. (AT4/1–2)*

Writing. Pupils label the parts of the body.

Answers: **1** la(s) pierna(s) **2** el (los) brazo(s) **3** la cabeza **4** las muelas **5** la garganta

6 ¿Qué comes? (Pupil's Book pages 84–85)

Main topics and objectives

- Stating meal times
- Saying what you eat at those times

Other aims

- Revision of time
- Describing your daily routine
- Using the present tense of *comer* and *tomar*

Structures

¿A qué hora tomas el desayuno?
Tomo el desayuno a la/las...

Vocabulary

el desayuno
 café con leche
 cereales
 mermelada
 pan
 té

la comida
 arroz
 ensalada
 filete
 fruta
 pasta
 patatas
 pescado
 pollo
 sopa

la merienda
 bocadillo (de...)
 (vaso de) leche
 yogur

la cena
 ensalada
 tortilla
 verduras

Resources

Cassette C Side A
Cuaderno page 45
Hojas de trabajo 74
 75
Flashcards 82–86, 88–89

---

1 *Escucha la cinta y elige la hora correcta de las comidas. (AT1/3–4)*

Listening. Pupils listen to interviews with Spanish schoolchildren and choose the correct clock face on page 84 to match the meal time mentioned on tape.

Elegid la hora correcta de las comidas mencionadas.

Answers: **1**b **2**d **3**a **4**c

– ¿A qué hora tomas el desayuno?
– ¿El desayuno?
– Sí.
– Tomo el desayuno a las siete.

– ¿Vas a casa a comer a mediodía?
– Sí, voy a casa a comer.
– ¿A qué hora es la comida?
– La comida es a las dos, a las dos de la tarde.

– ¿Tienes clases por la tarde, después de la comida?
– Sí, tengo clases por la tarde.
– ¿Y luego vas a casa otra vez?
– Sí, llego a casa a las seis. Tomo la merienda.

– ¿Y después?
– Veo la tele. Hago los deberes. Salgo con mis amigos un rato... Ceno.
– ¿A qué hora?
– La cena... a las nueve. Y a las diez y media a la cama.

2 *Trabaja con tu pareja. (AT2/3)*

Speaking. Using the grid on page 84, pupils ask each other and answer the following questions:
– *¿A qué hora tomas el desayuno/la comida/la merienda/la cena?*
– *Tomo el desayuno a las...*

¡QUÉ RICO!

3 *Elige y completa las frases apropiadas para describir tu rutina diaria. (AT4/2–3)*

Writing. Pupils choose sentences from the list on page 84 to describe their daily routine. For some sentences they must put in their own times.

Pupils make up a diary for one week, describing their daily routine.

4 *Escucha la cinta y escribe las letras de los dibujos en el orden correcto. (AT1/3)*

Listening. Pupils listen to people describing what they eat for breakfast, lunch, tea and dinner. They write down the letters of the pictures in the correct order.

Answers: **1**D **2**C **3**A **4**B

– Para el desayuno tomo un café con leche o té, y tomo también cereales y pan con mermelada.

– Comemos mucho a mediodía: sopa, ensalada o pasta, un filete, pollo o pescado con patatas o arroz y después, fruta.

– Para la merienda tomo un yogur, y si tengo mucha hambre, un bocadillo de jamón o queso y un vaso de leche.

– Para la cena tomo una tortilla con verduras o ensalada.

Gramática

The present tense of *tomar* – to take, to have (food or drink) – and *comer* – to eat.

5 *Trabaja con tu pareja. (AT2/3)*

Speaking. In pairs, pupils ask one another: *¿Qué tomas para el desayuno/la comida/la merienda/la cena?* and answer: *Para… tomo…*

6 *El desayuno, la comida, la merienda, la cena. ¿Cuál es tu comida favorita? Escribe un menú para tu comida ideal. (AT4/2)*

Writing. Pupils name their favourite meal and write a list in Spanish of the things they like to eat for it. Example: *La comida: sopa, pollo, patatas fritas, fruta*

H **Hoja de trabajo 74**

1 *Escribe la frase apropiada para cada dibujo y escribe a qué hora haces cada cosa. (AT3/2, AT4/2)*

Reading/Writing. Pupils choose the right sentence from the list to describe each picture.

2 *Dibuja la hora correcta en cada dibujo para describir tu propia rutina diaria. (AT3/2)*

Reading. Pupils add times to the clocks, as appropriate to their own daily routine.

3 *Corta los dibujos y pégalos en orden cronológico. (AT3/2)*

Reading. Now pupils put the pictures in chronological order.

H **Hoja de trabajo 75**

1 *Lee 24 HORAS A TODO GAS. Es sobre un día en la vida de una modelo española. Luego completa las frases con la información apropiada del artículo. (AT3/5)*

Reading/Writing. Pupils read the article and answer the questions.

Answers: **1** siete y cuarto **2** frutas, zumos, un panecillo con queso, yogur **3** nueve **4** ensalada, un huevo cocido y agua **5** té/zumo de albaricoque **6** las siete **7** ocho y media **8** diez y media

2 *Lee el artículo y contesta las preguntas. (AT3/5)*

Reading/Writing. Pupils read the article and answer the further questions.

Answers: **1** Tiene diecisiete (17) años **2** Es alta **3** Es morena **4** Es guapa **5** Tiene el pelo liso

C **Cuaderno page 45**

1 *Sigue las flechas y busca los nombres de las comidas. (AT3/1)*

Reading. Pupils follow the arrows and look for the names of the meals.

Answers: el desayuno; la comida; la merienda; la cena

2 *Escribe las palabras apropiadas de la lista para completar el crucigrama. (AT4/1)*

Writing. Pupils complete the crossword using the words from the list.

Answer:

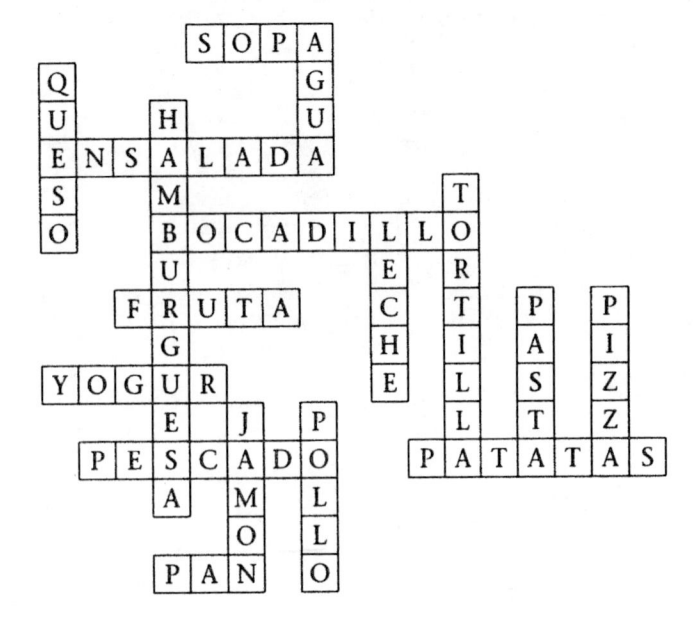

```
        S O P A
    Q       G
    U   H   U
    E N S A L A D A
    S   M       T
    O   B O C A D I L L O
        U     E   R
      F R U T A C T   P   P
        G     H I   A   I
    Y O G U R   E L   S   Z
        E   J P   L   T   Z
      P E S C A D O   P A T A T A S
        A   M   L
            O   L
          P A N O
```

3 *Escribe tu menú ideal para cada comida. (AT4/1–2)*

Writing. Pupils write their ideal menu for each meal.

¡QUÉ RICO!

7 ¡Que aproveche! *(Pupil's Book pages 86–87)*

Main topics and objectives
- Talking about healthy eating
- Naming fruit and vegetables

Other aims
- Consolidation of vocabulary

Structures

¿Te gusta el/la…?
¿Te gustan los/las…?
¿Qué quieres comer/beber?

Vocabulary

ensalada
fruta
hamburguesa
helado
patatas fritas
pescado
pizza
pollo frito
tortilla

agua mineral
café
Coca Cola
té

brócoli
coles de bruselas
coliflor
espinacas
limón (limones)
mandarinas
melocotón
melón
naranja(s)
patatas
piña
plátanos
tomates
uvas

Resources

Cassette C Side A
Cuaderno page 46
Hojas de trabajo 76
77
78
79
Flashcards 87, 90–92

---

1 *Trabaja con tu pareja. Mira los posters. Pregunta. (AT2/3)*

Speaking. Pupils look at the food and drink posters on page 86. In pairs, they ask each other the questions in the Pupil's Book and answer, choosing one item from each group.

Preguntad a vuestra pareja: ¿Qué quieres comer? ¿Qué quieres beber?

2 *Escribe lo que pide tu pareja para comer y para beber. Luego mira las listas y suma los puntos. (AT4/2, AT3/2–3)*

Writing/Reading. Pupils write down what their partner orders to eat or drink. Then they look at the food lists and points on page 86 and add up the score.

Escribid lo que pide vuestra pareja para comer y beber. Mirad las listas y sumad los puntos.

Mirad los resultados para ver si su comida es buena y nutritiva.

3 *Lee la lista. ¿Cuántas palabras reconoces? (AT3/1–2)*

Reading. Pupils look at the list of food and see how many items they recognise.

Los alimentos más ricos en vitaminas

This introduces pupils to a list of food rich in vitamins and the benefits of vitamin C.

4 *Escucha la cinta y mira los dibujos. ¿Qué fruta no hay en el restaurante? Además hay una fruta que no se menciona. ¿Cuál es? (AT1/3)*

Listening. Pupils listen to a conversation about fruit while looking at the drawings on page 87 and answer the questions.

Answers:
Not in restaurant: plátanos, uvas, melocotones, naranjas (bananas, grapes, peaches, oranges)
Not mentioned: limón (lemon)

- ¿Qué hay de fruta?
- Hay melón.
- ¿Hay plátanos?
- No, no hay plátanos. Sólo hay melón.
- ¿Tiene uvas?
- No, no tengo uvas.
- ¿Hay melocotones?
- No, no hay melocotones.
- ¿Hay naranjas?
- No, no hay naranjas.
- Pues, ¿qué hay de fruta?
- ¡Sólo hay melón!

5a *Trabaja con tu pareja. Pregunta. (AT2/2–3)*

Speaking. Pupils take turns to ask each other the questions in the speech bubbles on page 87.

5b *Escribe una lista de ingredientes para una ensalada de frutas perfecta para tu pareja. (AT4/2)*

Writing. Pupils can now write up a list of ingredients to make a fruit salad that suits their partner's taste.

6 *Lee la descripción de una fruta muy nutritiva. ¿Qué fruta es? (AT3/4)*

Reading. Pupils read the description of the fruit on page 87. They have to guess which of the fruits illustrated it is.

Answer: banana

H Hoja de trabajo 76

1 *Escucha la cinta y elige el menú apropiado. (AT1/2)*

Listening. Pupils match the written menus to the descriptions on tape.

Answers: **a**3 **b**1 **c**4 **d**2

1 Jamón serrano, pollo frito con patatas, y melón o fresas.
2 Ensalada especial, pescado variado, helado o queso.
3 Ensalada mixta, tortilla francesa, helado variado.
4 Sopa de tomate, filete con patatas fritas, fruta.

2a *Escucha la cinta. Marca en la ficha lo que a las personas les gusta y no les gusta. (AT1/3)*

Listening. Pupils listen to people considering the menu and mark their preferences on the grid.

1 – Tengo mucha hambre. ¿Qué voy a comer? A ver: No me gusta mucho ni el pollo ni el pescado. Prefiero la carne. Así que para mí un filete.

2 – Ummm… me gusta mucho el jamón serrano y también me gusta mucho el pollo.

3 – Me gusta el pollo y el pescado… a ver… ¿qué voy a comer hoy? Para empezar una ensalada y después el pescado.

4 – No te gusta la carne, ¿verdad?
  – No, no me gusta la carne.
  – ¿Te gusta el pollo?
  – No, no me gusta el pollo.
  – ¿Y el pescado?
  – No, tampoco.
  – ¿Qué vas a comer, entonces?
  – Ensalada, y después una tortilla.

2b *Elige un menú para cada persona en la cinta. (AT3/2)*

Reading. Using the information from Activity 2a, pupils choose the most appropriate menu for each speaker.

Answers: **1**c **2**b **3**d **4**a

H Hoja de trabajo 77

1 *Lee las cartas y las respuestas. Empareja la carta con la respuesta apropiada y luego elige la comida correcta. (AT3/3)*

Reading. Pupils first pair up the agony letters with the replies, then choose the appropriate meal for each person.

Answers: **1**c i **2**a iii **3**b ii

¡QUÉ RICO!

H Hojas de trabajo 78 & 79

Food word and picture cards for matching games.

C Cuaderno page 46

1   Mira los dibujos. ¿Qué diferencias hay? Escríbelas. (AT4/3)

Writing. Pupils look at the two pictures and write down the differences.

Answers:
En el dibujo 1 hay un melón. En el dibujo 2 no hay melón.
En el dibujo 1 hay uvas. En el dibujo 2 no hay uvas.
En el dibujo 1 hay naranjas. En el dibujo 2 no hay naranjas.
En el dibujo 2 hay fresas. En el dibujo 1 no hay fresas.
En el dibujo 2 hay una piña. En el dibujo 1 no hay piña.
En el dibujo 2 hay manzanas. En el dibujo 1 no hay manzanas.

2   *Escribe las palabras en los espacios horizontales para revelar un mensaje vertical. (AT4/1–2)*

Writing. Pupils write the words horizontally on the grid, to reveal a vertical message.

Answers: aguacate; chicle; patatas; tomates; pavo; chocolate
Message: ¡Que aproveche!

8   *Un quiz* (Pupil's Book pages 88–89)

Main topics and objectives
- Quiz on food
- Learning about the origins of chocolate, tomatoes, gum, potatoes, turkey

Other aims
- Revision

Structures
¿Te gusta...?
Me gusta...
¿Te gustan...?
Me gustan...
¿De dónde es?
¿De dónde son?

Vocabulary
los aguacates
el chicle
el chocolate
el maíz
las patatas
el pavo

Resources
Cassette C Side A

1   Quiz (AT3/3)

Pupils can do this food quiz individually, in pairs or as a class activity. The answers are given on tape in Activity 2.

2   *Escucha la cinta para corregir tus respuestas. (AT1/3)*

Listening. Pupils now listen to the tape and correct their answers to the quiz.

Escuchad la cinta para corregir vuestras respuestas al quiz.

1 – Las patatas son nutritivas y tienen vitaminas.
– Cierto.
2 – Si practicas muchos deportes es importante beber...
– Agua.
3 – La pasta es un alimento muy bueno para atletas.
– Cierto.
4 – Si tienes mucha hambre pero no tienes mucho dinero, come...
– Un plátano.
5 – En España la comida más importante es...
– La comida a mediodía.
6 – Una merienda nutritiva es...
– Fruta o yogur.
7 – ¿Qué alimentos tienen vitamina C?
– Las naranjas, los tomates y las patatas.
8 – Las ensaladas son buenas porque...
– Son bajas en calorías y altas en vitaminas.

Una cena festiva

This explains the origins of the potato, chocolate, tomato, turkey, avocado and maize.

3 *Trabaja con tu pareja. Haz preguntas: (AT2/2-3)*

Speaking. Further practice of:
– ¿Te gusta...?
– Sí, me gusta/No me gusta.
– ¿Te gustan...?
– Sí, me gustan/No me gustan.

4 *Trabaja con tu pareja. Haz las siguientes preguntas: (AT2/2–3)*

Speaking. In pairs, pupils take turns to ask and say where the food in *una cena festiva* comes from.
– ¿De dónde es el chocolate?
– Es de México.
– ¿De dónde son las patatas?
– Son de América.

Mirad el dibujo de la cena festiva durante dos minutos. Luego cerrad el libro y escribid una lista de todas las cosas que recordáis.

Resumen (Pupil's Book page 90)

This is a summary of the language in Tema 5.	**Resources** Cuaderno pages 47 & 48 Hoja de trabajo 80 (Tema 5 Gramática)

H Hoja de trabajo 80

1a *Imagine you are talking to a Spanish girl or boy who is your age. Complete these questions.*

2nd person singular of *-ar* and *-er* verbs. Pupils complete the questions with appropriate verbs in the correct form.

Answers: **1** Hablas **2** practicas **3** tomas (comes, bebes) **4** llegas **5** Tocas **6** comes/bebes

1b *Write the same questions as if you were talking to a teacher or other adult. Use the polite form.*

Usted form. Pupils adapt the questions in Activity 1a to the polite form.

Answers: **1** Habla **2** practica **3** toma (come, bebe) **4** llega **5** Toca **6** come/bebe

1c *Answer the questions yourself.*

First person forms. Pupils answer the same questions.

¡QUÉ RICO!

2 *Fill in the blank spaces in the speech bubbles with the appropriate part of the verb tener.*

Present tense of *tener*. Pupils complete the speech bubbles with the correct verb forms.

Answers: **1** Tengo **2** tenéis **3** Tienes **4** Tiene **5** tienen **6** Tiene

C **Cuaderno pages 47 & 48**

1 *Mira el póster de la carrera popular de Madrid y contesta las preguntas. (AT3/2)*

Reading. Pupils look at the poster for the Madrid 20 km race and answer the questions.

Answers: **1** el 9 de abril **2** a las 9.00 **3** 20 kilómetros **4** 5 kilómetros

2 *Rellena los espacios con las palabras apropiadas. (AT3/3)*

Reading. Pupils look at the pictures in order to fill in the gaps.

Answers:
1 a las seis y media/naranja
2 las nueve/bien
3 sed/agua
4 hambre/hamburguesa/patatas fritas
5 me duelen/mal
6 los pies/las piernas/me siento
7 filete

Prepárate (Pupil's Book page 91)

Resources

Cassette C Side A

A Escucha

1 *¿Qué helados hay? (AT1/3)*

Pupils note down only the letters of the ice-creams that are available.

Answers: chocolate; cafe; naranja; fresa; limón; piña; plátano; vainilla

- ¿Qué helados hay?
- Hay de todo: hay de fresa, de limón, de chocolate...
- ¿Hay de naranja?
- No, de naranja no hay.
- ¿Hay de café?
- Sí, hay de café.
- ¿Y de vainilla?
- Sí, claro.
- ¿Hay helado de plátano?
- No, de plátano no hay. Pero hay de piña.
- Bueno, a ver... un helado de fresa, por favor.

2 *Escucha la cinta y elige los números correctos. (AT1/2)*

Pupils listen to the tape and choose the correct figures.

Answers: **1**b **2**c **3**a **4**c

1 – ¿Cuánto es, por favor?
  – Setenta y cinco pesetas.

2 – La cuenta, por favor.
  – Aquí tiene: son quinientas pesetas.

3 – ¿Cuánto es?
  – Tres mil pesetas, por favor.

4 – La cuenta.
  – Diez mil quinientas pesetas, por favor.

B Habla

1 Trabaja con tu pareja. Mira los dibujos y contesta la pregunta. (AT2/2–3)

Working in pairs, pupils look at the drawings and answer the question.

Answers: Me duelen los pies.
Me duele la cabeza.
Me duelen las muelas.
Me duele el estómago.

C Lee

1 Completa el diálogo con las palabras apropiadas. (AT3/3)

Pupils read the dialogue and fill in the gaps with the given words.

Answers: **1** hambre **2** comer **3** una hamburguesa **4** jamón **5** Coca Cola **6** nada

D Escribe

Escribe dos menús. (AT4/2-3)

Pupils write two menus, for a healthy breakfast and a vegetarian evening meal.

Prueba Tema 5

A Escucha

1 Escucha la cinta y escribe los precios en el menú. (AT1/3)

Pupils listen to the tape and write the prices on the menu.

Answers: hamburguesa 550; pizza 425; bocadillo 300; helado 250; limonada 175; café 100

- ¿Cuánto es una hamburguesa?
- 550.
- 550 pesetas. ¿Y una pizza?
- 425 pesetas.
- 425. ¿Y cuánto es un bocadillo de jamón?
- Todos los bocadillos son 300 pesetas.
- Bocadillos: 300 pesetas. Y un helado, ¿cuánto es?
- Los helados son 250 pesetas.
- 250. ¿Y cuánto cuesta una limonada?
- Una limonada 175 y un café 100 pesetas.
- Limonada 175... café 100.

Total: 6 marks

2 Escucha la cinta. Escribe el orden en que oyes lo que piden las personas en el restaurante. (AT1/3)

Pupils listen to the tape and write down the order in which they hear the food requested.

Answers: **a**3 **b**5 **c**4 **d**2 **e**1

1 – ¿Qué va a tomar, señorita?
 – Pues para mí un bocadillo de jamón.
 – ¿Algo más?
 – Sí, un helado de vainilla.
 – ¿Y para beber?
 – Un café con leche.

2 – ¿Qué va a tomar, señor?
 – Quiero una hamburguesa con patatas fritas.
 – ¿Algo más?
 – Una ensalada verde.
 – ¿Y para beber?
 – Un batido.

3 – ¿Qué va a tomar, señora?
 – Para mí una tortilla española y una ensalada.
 – ¿Quiere pan?
 – Sí, pan.
 – ¿Y para beber?
 – Agua mineral.
 – ¿Algo más?
 – No, gracias.

4 – ¿Qué va a tomar, señor?
 – Un bocadillo de jamón y otro de queso.
 – ¿Algo más?
 – Sí, una naranjada.

5 – ¿Qué vas a tomar?
 – Quisiera una hamburguesa con patatas fritas.
 – ¿Algo más?
 – Sí, un helado de chocolate.

– ¿Y para beber?
– Una Coca Cola.

Total: 5 marks

B Habla

1 *Di estos números. (AT2/1)*

Pupils say the numbers a–j aloud.

Total: 10 marks

2 *Trabaja con tu pareja. Mira los dibujos en la sección A. Haz el papel de un/a camarero/a y pregúntale lo que quiere. Luego pide la comida que quieres tú. (AT2/3)*

Pupils look at the menu in Section A. They take turns to be the waiter/waitress and the customer.

1 mark for asking what the partner would like to eat/drink
1 mark for each item of food or drink correctly requested

Total: 4 marks

C Lee

1 *Marca las palabras que no están de acuerdo con las listas. (AT3/1)*

Pupils look at the five groups of words and mark the 'odd one out'.

Answers: **A** bocadillo **B** cocina **C** corbata **D** hamburguesa **E** quince

Total: 5 marks

2 *Empareja las frases con los dibujos. (AT3/2)*

Pupils match the sentences to the drawings.

Answers: **1**c **2**d **3**a **4**b **5**e

Total: 5 marks

D Escribe

1 *Escribe los nombres de las partes del cuerpo. (AT4/2)*

Pupils label the parts of the body.

Answers: (from left, clockwise) los pies/el pie; la(s) pierna(s); el estómago; la garganta; las muelas; la espalda; el brazo; la mano

Total: 9 marks

2 *Escribe lo que tomas normalmente para el desayuno, la comida y la cena. (AT4/3)*

Pupils write about what they usually eat for breakfast, lunch and evening meal.

1 mark for each meal mentioned using the appropriate verb *(tomo)*, plus 1 mark for each item of food/drink mentioned, up to a maximum of 16 marks

Total: 16 marks

Total marks for Test: 60 marks

Tema 6: De fiesta (Pupil's Book pages 92–109)

Unidad	Main topics and functions	Programme of Study Part I	Programme of Study Part II	Grammar
Ponte a la moda (pp. 92–93)	Clothes Describing clothes	1h, 2g	A	Agreement of adjectives
¿Qué me pongo? (pp. 94–95)	Discussing what to wear for a party Saying whether clothes fit you	1i, 3c	A, B	Possessive adjectives: mi(s), tu(s), su(s)
¿Qué te pones para ir al colegio? (pp. 96–97)	Describing uniforms	2e, 2j	A, C	¿Qué te pones para ir al colegio? Me pongo… ¿Cómo es el uniforme en…? No hay uniforme
De compras (pp. 98–99)	Shopping for clothes and shoes Clothing and shoe sizes	3b, 3e	A	¿Cuánto cuesta(n)? ¿Qué talla tienes? ¿Qué número usas? Demonstrative adjectives: este/a, estos/as, ese/a, esos/as
¿Cuánto cuesta? (pp. 100–101)	Asking how much clothes and shoes are	1c, 2a	A	¿Cuánto cuesta(n)? ¿Qué talla tienes? ¿Qué número usas?
En la verbena (pp. 102–103)	Asking if someone would like to do something Asking and giving personal information *(Revision)*	2l, 3i	B	¿Quieres bailar?
¡Muévete! (pp. 104–105)	Giving and understanding instructions	1d, 2b	B	Imperatives: *Cruza el pie* *Levanta el brazo* *Mueve el pie*
España de fiesta (pp. 106–107)	Spanish festivals The map of Spain	1k, 2i, 3e, 3g	B, C, E	The verbs *ser* and *estar*
Resumen (p. 108)	Revision			
Prepárate (p. 109)	Revision (practice test)			

DE FIESTA

1 Ponte a la moda *(Pupil's Book pages 92–93)*

Main topics and objectives
- Naming items of clothing
- Describing clothes

Other aims
- Revision of colours
- Using agreement of adjectives correctly

Structures

¿Te gusta el/la...?
Sí, me gusta
¿Por qué?
Porque es...
¿Te gustan los/las...?
No, no me gustan
¿Por qué?
Porque son...
Ponte el/la/los/las...
Está/Están de moda

Vocabulary

las botas
los calcetines
la camisa
la camiseta
el chaleco
la chaqueta
la falda
el gorro
el jersey
las medias
el pantalón/los pantalones
la rebeca
los vaqueros
el vestido
los zapatos

bonito(s)/bonita(s)
corto(s)/corta(s)
elegante(s)
feo(s)/fea(s)
grande(s)
largo(s)/larga(s)
pequeño(s)/pequeña(s)

Resources

Cassette C Side B
Cuaderno page 49
Hoja de trabajo 81
Flashcards 93–96

1a *Escucha la cinta y mira los modelos. Identifícalos. (AT1/2–3)*

Listening. Pupils listen to the tape and look at the pictures of the models on pages 92 and 93. They match the descriptions to the pictures.

Escuchad y mirad los modelos en las páginas 92 y 93. ¿Quiénes son?

Answers: **1**g **2**d **3**f **4**a **5**e **6**c **7**b

1 – Un jersey grande, una falda corta y unas botas marrones.
2 – Una camisa roja, blanca y azul, y unos pantalones marrones.
3 – Una falda negra, una camisa amarilla, unas medias negras, unas botas marrones, un gorro marrón y blanco.
4 – Unos pantalones negros, unos zapatos marrones, un jersey gris y un chaleco rojo.
5 – Una chaqueta marrón y unos vaqueros azules.
6 – Una camisa blanca, unos calcetines blancos, una chaqueta de color naranja, unas botas grandes y una falda corta.
7 – Una camiseta blanca y una camiseta azul.

1b *Elige modelos y describe la ropa con tu pareja. (AT2/3–4)*

Speaking. In pairs, pupils take turns to choose one of the models on pages 93 and 94 and describe the clothes to their partner.

Elegid uno de los modelos en las páginas 93 y 94 y describid la ropa a vuestra pareja.

2 *Ponte a la moda. Mira los modelos y elige ropa para tu pareja. (AT2/3)*

Speaking. Pupils choose and describe clothes for their partner to wear.

Elegid ropa para vuestra pareja. Por ejemplo: Ponte los pantalones, Ponte la chaqueta.

Writing. Ask pupils to cut out pictures of clothes from magazines, label them and price them for a wall display.

H **Hoja de trabajo 81**

1 *Escucha la cinta y mira la ropa. Ponla en el orden correcto. (AT1/1)*

Listening. Pupils listen to the recorded descriptions and number the pictures in order.

Answers: **a**7 **b**5 **c**3 **d**2 **e**6 **f**8 **g**1 **h**4 **i**10 **j**9

1 – Un jersey grande
2 – Una falda corta
3 – Una falda negra
4 – Unos pantalones negros
5 – Una chaqueta elegante
6 – Una camisa blanca
7 – Una camiseta blanca
8 – Unas botas largas
9 – Unos vaqueros blancos
10 – Unos calcetines largos

2 *Escucha la cinta y rellena la ficha. ¿Qué ropa les gusta y no les gusta a estos jóvenes y por qué? (AT1/3)*

Listening. Pupils listen and enter ticks and crosses on the grid.

Ejemplo:
– ¿Te gusta el jersey?
– Sí, me gusta mucho.
– ¿Por qué?
– Porque es grande.

1 – ¿Te gustan los pantalones?
– No, no me gustan nada.
– ¿Por qué?
– Porque son cortos. No me gustan los pantalones cortos. Y también porque son amarillos. No me gusta el amarillo.

2 – ¿Qué te parecen estos zapatos? ¿Te gustan?
– No, no me gustan.
– ¿Por qué no te gustan?
– Porque son feos, muy feos y no están de moda.

3 – ¿Te gusta el chaleco?
– Sí, me gusta mucho.
– ¿Por qué?
– Porque es bonito. Los colores son muy bonitos y es muy elegante.

4 – ¿Te gusta la chaqueta?
– Sí, me gusta.
– ¿Por qué?
– Pues porque es larga. Necesito una chaqueta larga y además está de moda.

3 *Mira la ficha y describe la ropa a tu pareja. (AT2/3)*

Speaking. Working in pairs and looking at the completed grid, pupils take turns to describe the clothing.

C **Cuaderno page 49**

1 *Lee las descripciones de la ropa de los jóvenes y nombra la ropa usando las palabras de las descripciones. (AT3/2)*

Reading. Pupils label the clothes using the words from the descriptions.

Answers: **1** un gorro grande **2** un chaleco corto **3** una camiseta blanca **4** una camisa gris **5** un jersey largo **6** una falda corta **7** unas medias blancas **8** unos zapatos negros **9** una chaqueta grande **10** unos vaqueros azules **11** unos calcetines rojos **12** unas botas marrones

2 *Lee las descripciones otra vez y colorea la ropa con los colores apropiados. (AT3/2)*

Reading. Pupils colour in the clothes according to the descriptions.

3 *En el espacio dibuja o pega un recorte de un traje que te gusta. Escribe una descripción de la ropa. (AT4/3)*

Writing. Pupils cut out an outfit from a magazine or draw one. They then write a description of the clothes.

DE FIESTA

2 ¿Qué me pongo? (Pupil's Book pages 94–95)

Main topics and objectives

- Discussing what to wear for a party
- Saying whether clothes fit you
- Asking and saying whether clothes fit somebody else

Other aims

- Using agreement of possessive adjectives correctly

Structures

¿Qué me pongo?
¿Qué te pones?
¿Qué se pone...?
Me pongo mi/mis...
Ponte tu/tus...
Se pone...
Su... es...
Sus... son...
¿Me/Te está(n) bien...?
Me/Te está(n) grande(s)
¿Estoy a la moda?

Vocabulary

bien
feo/a
grande
horrible
pequeño/a

las botas
los calcetines
la camisa
la camiseta
la chaqueta
la falda
los pantalones
los zapatos

la verbena

Resources

Cuaderno page 50
Hoja de trabajo 82

1a *Escucha la cinta. (AT3/4)*

Listening/Reading. Pupils listen to the tape and follow the photo story on page 94. Two girls and a boy are trying to decide what to wear for a festival.

– Esta noche vamos a la verbena.
– ¿Qué me pongo?
– Ponte tu falda azul.
– Me está bien la falda?
– No, te está grande.

– ¿Qué te pones para ir a la verbena?
– ¿Me pongo la camisa verde?
– No, te está pequeña.
– Ponte mi camiseta.
– No me gusta.

– ¿Te están bien las botas?
– No, me están grandes.
– ¿Y tus zapatos?
– No están de moda.

– ¿Te gustan mis pantalones? Me están bien, ¿no?
– Ay no, Elena, son muy feos.
– Y te están grandes.

– ¿Estoy a la moda?
– ¡Su chaqueta es horrible!
– ¡Y sus calcetines horrorosos!
– ¿Qué me pongo?
– Vamos de compras.
– Buena idea.

Reading/Speaking. Pupils read the story together in groups and perform it.

Pupils could adapt the story by altering the clothes, or they could continue the story.

Gramática

In Spanish when you talk about an object that belongs to you, you have to make the word that links the object to you – the possessive adjective – agree with that object. For example: *mi camisa* but *mis camisas*.

For further practice of possessive adjectives, ask pupils to work in groups and empty their pencil cases into a pile. They sort out this mess by claiming their things.
– *Es mi lápiz.*
– *Es tu goma.*

Bring in a selection of clothes and show them to the class: *mi camisa, mis pantalones, mis calcetines.*

Cut out a cartoon character from a magazine and stick it on the board. Introduce a selection of things that 'belong' to it: *su lápiz, su cuaderno, su gorro, sus juguetes.*

1b *Pregunta a tu pareja lo que se pone cada persona en los dibujos. (AT2/3)*

Speaking. In pairs, pupils take turns to ask and tell their partner what each person in the pictures is wearing.
– *¿Qué se pone Juan en el dibujo 11?*
– *Se pone una chaqueta y unos calcetines.*

H **Hoja de trabajo 82**

1a *Escucha la cinta y elige el dibujo apropiado en cada caso. (AT1/2)*

Listening. Pupils choose the right picture from each pair to match the description on tape.

Answers: **1a 2b 3a 4b 5b**

1 – Mis vaqueros me están grandes.
2 – Sus botas son bonitas.
3 – Su falda le está larga.
4 – Tus zapatos te están bien.
5 – Tu jersey te está pequeño.

1b *Pregunta a tu pareja cómo es la ropa de cada persona en los dibujos. (AT2/2)*

Speaking. In pairs, pupils take turns to describe the clothing in the pictures.

1c *Pregunta a tu pareja si la ropa les está bien a las personas. (AT2/3)*

Speaking. In pairs, pupils ask and answer questions about whether the clothes fit the people in the pictures.

C **Cuaderno page 50**

1 *Lee la conversación entre los amigos y elige la ropa apropiada para cada uno. Escribe los números de la ropa. (AT3/3)*

Reading. Pupils read the conversations and choose the correct clothes for each friend.

Answers: Nieves 2, 12; Elvira 1; Santiago 4, 5

2 *Escribe lo que te pones tú para ir a una fiesta. (AT4/2–3)*

Writing. Pupils write what they would wear to a party.

¿Qué te pones para ir al colegio?

(Pupil's Book pages 96–97)

Main topics and objectives

- Describing uniforms

Other aims

- Revision of Spanish-speaking countries

Structures

¿Qué te pones para ir al colegio?
Me pongo...
¿Cómo es el uniforme en...?
No hay uniforme

Vocabulary

la blusa
los calcetines de colorines
la chaqueta de cuero
la corbata
los pantalones cortos
el uniforme (de colegio)
el vestido
las zapatillas deportivas

Resources

Cassette C Side B
Cuaderno page 51
Hojas de trabajo 83
84
85
86

Flashcards 93–96

DE FIESTA

1a *Escucha la cinta. ¿De qué países son estos uniformes de colegio? (AT1/3)*

[H] Listening. Pupils listen to the tape and write down the countries of the uniforms being described, using **Hoja de trabajo 83** (Activity 1a). They can then complete the sentences in 1b on the same sheet.

¿De qué países son estos uniformes de colegio? Escribid las respuestas en los cuadernos.

Answers: **A** Costa Rica **B** Perú **C** España **D** Cuba

1 – En Costa Rica, ¿qué te pones para ir al colegio?
 – Me pongo falda o pantalones azul marino y camisa blanca.

2 – En Perú, ¿qué te pones para ir al colegio?
 – Me pongo jersey y pantalones grises, una camisa blanca, calcetines y zapatos negros.

3 – En España, ¿qué te pones para ir al colegio?
 – Me pongo vaqueros, una camisa y un jersey. En España no hay uniforme. Sólo hay uniforme en colegios privados.

4 – En Cuba, ¿qué te pones para ir al colegio?
 – Me pongo una falda o pantalones de color naranja, una blusa blanca y zapatos negros.

1b *Describe los uniformes a tu pareja. (AT2/3)*

Speaking. In pairs, pupils ask about and describe the uniforms on page 96 to each other.
 – *¿Cómo es el uniforme en Costa Rica?*
 – *Es una falda o...*

1c *Escribe una descripción de la ropa que te pones para ir al colegio. (AT4/3)*

Writing. Pupils write a description of what they wear to school. They may need the word *la corbata* – tie.

2 *Lee las cartas y contesta las preguntas. (AT3/3)*

Reading. Pupils read the letters on page 97 and answer the questions.

Answers: **a** Manuel **b** pantalones cortos, una camiseta y unas zapatillas deportivas **c** negro y muy largo

3 *Escucha la cinta y empareja los dibujos con las descripciones. (AT1/3)*

Listening. Pupils listen to the tape and match the drawings on page 97 (lettered) to the descriptions (numbered).

Answers: **1**B **2**D **3**C **4**A **5**E **6**G **7**F

1 – ¿Qué te pones los fines de semana?
 – Me pongo mis vaqueros azules y una camiseta.

2 – ¿Qué te pones para ir de compras?
 – Me pongo mi chaqueta azul y mi falda blanca.

3 – ¿Qué te pones para ir a una fiesta?
 – Me pongo mi vestido favorito.

4 – ¿Qué te pones para visitar a tus abuelos?
 – Me pongo un jersey marrón, unos pantalones negros y mis calcetines de colorines.

5 – ¿Qué te pones para salir con tus amigos?
 – Me pongo mis botas fuertes.

6 – ¿Qué te pones para ir a trabajar?
 – Me pongo mi uniforme.

7 – ¿Qué te pones para ir al polideportivo?
 – Me pongo mis zapatillas deportivas, mi camiseta nueva y pantalones cortos.

Ask pupils to describe their ideal uniform or that of a neighbouring school.

Information technology

Six More Spanish Games (AVP): clothes, computer and shopping

[H] **Hoja de trabajo 83**

2 *Escucha la cinta y empareja los uniformes con lo que dicen los alumnos en la cinta. (AT1/3)*

Listening. Pupils listen to the descriptions of clothes and match them to the pictures.

Answers: **a**3 **b**2 **c**1 **d**4

1 – ¿Qué te pones para ir al colegio?
 – Me pongo una falda negra, camisa blanca, corbata negra y blanca, unos zapatos negros, jersey negro y calcetines blancos.

133

2 – ¿Qué te pones para ir al colegio?
– Me pongo una chaqueta gris, pantalones y jersey grises también. Me pongo zapatos y calcetines negros y una corbata blanca y negra.

3 – ¿Qué te pones para ir al colegio?
– Me pongo falda, chaqueta, medias y jersey grises, una camisa blanca y zapatos negros. No me pongo corbata.

4 – ¿Qué te pones para ir al colegio?
– Para ir al colegio me pongo pantalones grises, chaqueta negra, camisa blanca, corbata gris, zapatos y calcetines negros.

H Hoja de trabajo 84

1a *Pregunta a tu clase. (AT2/3)*

1b *Completa las frases. (AT4/1–2)*

Speaking/Writing. Pupils carry out a class survey on what people wear at the weekend. They write down the results.

2 *¿Cómo se llaman estos jóvenes? Lee las descripciones de la ropa de los jóvenes y emparéjalas con los dibujos apropiados. (AT3/1)*

Reading. Pupils match the descriptions to the pictures and write in the names of the people.

Answers: **1** Matilde **2** Patricia **3** Miguel **4** Juan

H Hoja de trabajo 85

A/B *Pregunta a tu pareja. (AT2/3)*

Speaking. Working in pairs, pupils ask and answer questions about the items of clothing missing from their pictures, to build up a complete description of each person.

H Hoja de trabajo 86

1 *Lee las conversaciones y haz las mismas preguntas a tu pareja. (AT2/3–4, AT3/3)*

Speaking/Reading. Working in pairs, pupils ask each other the questions in the speech bubbles and complete the grid. They then compare grids to make sure they match.

C Cuaderno page 51

1 *¿Qué se pone Roberto para ir al colegio? Lee la carta y busca las palabras que faltan de la sopa de letras. Escríbelas en los espacios en blanco. (AT3/3)*

Reading. In the spaces, pupils write what Roberto wears to school. They will find the answers in the wordsearch.

Answers: pantalones; camisa; jersey; corbata; chaqueta; botas; zapatillas

2a *¿Qué te pones tú para ir al colegio? Describe tu uniforme. Usa las palabras en la sopa de letras y la carta de Roberto. (AT4/2–3)*

Writing. Pupils describe what they wear to school, using Roberto's letter and the wordsearch to help them.

2b *¿Te gusta tu uniforme? Escribe una frase. (AT4/2)*

Writing. Pupils write a sentence, using the grid, to say whether they like their uniform or not and why.

DE FIESTA

4 De compras (Pupil's Book pages 98–99)

Main topics and objectives
- Shopping for clothes and shoes

Other aims
- Talking about clothing and shoe sizes
- Using demonstrative adjectives correctly

Structures
¿Cuánto cuesta?
¿Qué talla tienes?
La 36
¿Qué número usas?
El 42
Préstame...
¿Prefieres estos/estas... o ésos/ésas?
Prefiero éstos
Ésos son más bonitos

Resources
Cassette C Side B
Cuaderno page 52
Hoja de trabajo 87

1a *Escucha la cinta. (AT1/4)*

Pupils listen to the tape and follow the story in the book. Marisa, Elena and Juan are in a clothes shop.

Escuchad la cinta y mirad los dibujos en la página 98.

- Me gusta mucho este vestido corto.
- Me gusta más ése largo, pero no hay la talla 32.

- ¿Cuánto cuesta esta camisa azul?
- 3.500 pesetas. ¿Qué talla tienes?
- La 36.
- No hay.

- Me gustan estas zapatillas deportivas Adidas.
- Prefiero ésas Reebok.
- ¿Qué número usas? ¿El 42? No hay.

- ¿Te gustan estos vaqueros negros?
- No sé, ésos son más bonitos. ¿Cuánto cuestan?
- ¡Uy! 5.700 pesetas. No tengo el dinero.

- Tengo una idea. Préstame tus vaqueros, Juan. Y Elena, tú préstame una camisa.
- Bueno, pero préstame tus zapatillas deportivas.
- De acuerdo, pero quiero tu vestido corto.
- De acuerdo. Vamos a casa.

1b *Lee la tira cómica con tu pareja. (AT3/4)*

Reading. Pupils read the comic strip with a partner.

Gramática
The various forms of the demonstrative adjectives **ese** and **este** are introduced.

2a *Escucha la cinta. ¿Cuál prefieren, **a** o **b**? (AT1/2)*

Listening. Pupils listen to the tape and choose between pictures **a** and **b** in each case to match the tape.

Escuchad la cinta. ¿Cuál prefieren, a o b? Escribid la respuesta en los cuadernos.

Answers: 1a 2b 3b 4b

1 – ¿Te gusta este vestido o ése?
  – Este vestido es más bonito.

2 – Prefieres esta camisa o ésa?
  – Prefiero esa camisa.

3 – ¿Te gustan más estos vaqueros o ésos?
  – Prefiero esos vaqueros.

4 – ¿Prefieres estas zapatillas deportivas o ésas?
  – Esas zapatillas deportivas.

2b *Mira los dibujos y pregunta a tu pareja. (AT2/3)*

Speaking. Pupils look at the drawings on page 99. They take turns to ask and answer the question for each picture.
- ¿Prefieres estos vaqueros o ésos?
- Prefiero ésos.

Mini test (AT2/2–4)

This tests the language from units 1 to 4 of Tema 5.

H **Hoja de trabajo 87**

1 *Escucha la cinta y rellena la ficha. (AT1/3)*

Listening. Pupils listen and mark ticks and crosses in the grid to show whether the speakers can buy the clothes or not.

– ¿Te gusta este vestido, Irene?
– Sí, me gusta mucho. ¿Tienen la talla 32?
– Aquí tienes, el vestido de la talla 32.

– ¿Qué número usas, Manuel?
– El 45.
– No hay zapatillas Reebok del número 45.
– ¡Qué pena!

– Oye Bartolomé, estas camisas son muy buenas. ¿Qué talla tienes?
– La 35.
– No hay camisas de este estilo en la 35.
– ¡Vaya!

– ¿Qué buscas, Francisca?
– Quiero una falda, pero no encuentro mi talla.
– ¿Qué talla tienes?
– La 30.
– La 30. Mira, una falda de tu talla.
– ¡Estupendo!

– ¿Qué te parecen estas botas, Natalia?
– Me gustan pero no tienen mi número.
– ¿Qué número usas?
– El 38.
– No, no hay botas del número 38.

2 *Escucha la cinta. Empareja la ropa con las perchas y las cajas. (AT1/3)*

Listening. Pupils listen to the descriptions of the clothes and match the pictures to the correct sizes (by drawing lines).

– ¿De qué número son estas zapatillas deportivas?
– El 42.
– Zapatillas deportivas del número 42.

– Y los vaqueros, ¿de qué talla son?
– ¿A ver? Los vaqueros son de la 38.

– Los zapatos, ¿de qué número son los zapatos?
– El 40.
– El 40. Muy bien.

– ¿De qué talla es el vestido?
– Déjame ver. Pues la 32.
– El vestido, la 32.

– Esa falda. Mmm, no me gusta esa falda.
– ¿De qué talla es?
– La 36.
– La talla 36.

C **Cuaderno page 52**

1 *Mira los dibujos y elige uno de cada par. Escribe cuál te gusta más y por qué. (AT4/2–3)*

Writing. Pupils look at the pictures and write which one from each pair they prefer and why.

2 *Recorta o dibuja artículos de ropa que te gustan. Escribe una frase para cada uno. (AT4/2–3)*

Writing. Pupils cut out or draw items of clothing that they like and write a sentence describing each one.

3 *Contesta las preguntas. (AT4/2)*

Writing. Pupils give their clothing and shoe sizes.

DE FIESTA

5 ¿Cuánto cuesta? (Pupil's Book pages 100–101)

Main topics and objectives
- Asking how much clothes and shoes are

Other aims
- Revision of large numbers

Structures
¿Cuánto cuesta(n)?
¿Qué número usas?
El 42
¿Qué talla tienes?
La 36
¿De quién es/son?

Resources
Cassette C Side B
Cuaderno page 53
Hojas de trabajo 88
89
90

1a *Escucha la cinta. Empareja los precios con la ropa. (AT1/3)*

Pupils listen to the tape and match the clothes to the prices listed on page 100.

Answers: la camisa roja – 1.450 ptas; las zapatillas deportivas 'Nike' – 8.697 ptas; los vaqueros 'Levis' – 7.720 ptas; los vaqueros 'Lois' – 7.309 ptas; el vestido largo – 6.500 ptas; la camisa blanca – 4.999 ptas; el vestido corto – 4.552 ptas

1 – ¿Cuánto cuesta la camisa roja?
  – Mil cuatrocientas cincuenta pesetas.

2 – ¿Cuánto cuestan las zapatillas deportivas Nike?
  – Ocho mil seiscientas noventa y siete pesetas.

3 – ¿Cuánto cuestan los vaqueros Levis?
  – Siete mil setecientas veinte pesetas.

4 – ¿Cuánto cuestan los vaqueros Lois?
  – Siete mil trescientas nueve.

5 – ¿Cuánto cuesta el vestido largo?
  – Seis mil quinientas pesetas.

6 – ¿Cuánto cuesta la camisa blanca?
  – Cuatro mil novecientas noventa y nueve pesetas.

7 – ¿Cuánto cuesta el vestido corto?
  – Cuatro mil quinientas cincuenta y dos pesetas.

1b *Pregunta a tu pareja. (AT2/2)*

[H] Speaking. Pupils ask each other how much shoes and items of clothing cost. The pairwork exercise on **Hoja de trabajo 88** supports this activity.

Preguntad a vuestra pareja: ¿Cuánto cuesta la camisa blanca?

Guía de números

This table gives equivalent UK sizes for shoes and girls' clothes. Boys should use their chest, waist or collar size in centimetres.

2a *Escucha la cinta. ¿De quién son estos zapatos? (AT1/2)*

[H] Listening. Pupils listen to the tape and match up each pair of shoes (by size) to its owner on page 101. They can also fill in the grid on **Hoja de trabajo 89** (Activity 1).

Emparejad las tallas de los zapatos con los cuatro chicos de la página 101.

Answers: Martín E; Marisa C; Bernardo D; Begoña A

– Marisa, ¿qué número usas?
– El 37.

– Begoña, ¿qué número usas?
– El 39.

– Martín, ¿qué número usas?
– El 42.

– Bernardo, ¿qué número usas?
– El 41.

2b *Escucha la cinta otra vez. ¿De quién es esta ropa? (AT1/2)*

Listening. Pupils listen to the tape and match up the clothes to their owners.

Answers: Martín E; Marisa C; Bernardo A; Begoña D

▭ – Marisa, ¿qué talla tienes?
– La 34.

– Begoña, ¿qué talla tienes?
– La 32.

– Martín, ¿qué talla tienes?
– La 36.

– Bernardo, ¿qué talla tienes?
– La 34.

2c *Encuesta. Pregunta a tu clase. (AT2/2)*

[H] Speaking. Pupils carry out a class survey to find out which shoe and clothes sizes people wear. They keep a tally and work out which sizes are most common. The grid on **Hoja de trabajo 89** (Activity 2a) can be used to record the results, and the most popular sizes can be noted in Activity 2b on the same sheet. *(AT4/1)*

[H] **Hoja de trabajo 90** ☞

1 *Escucha la cinta y escribe los precios de la ropa en las etiquetas. (AT1/2)*

Listening. Pupils listen for the prices and write them in figures on the labels.

▭ – ¿Cuánto cuestan los vaqueros?
– Cinco mil quinientas cincuenta y cinco pesetas.

– ¿Cuánto cuesta la camisa?
– Cuatro mil setecientas noventa y nueve pesetas.

– ¿Cuánto cuestan las zapatillas deportivas?
– Ocho mil novecientas pesetas.

– ¿Cuánto cuesta el vestido largo?
– Siete mil setenta y tres pesetas.

– ¿Cuánto cuesta el vestido corto?
– Tres mil novecientas veintidós pesetas.

2 *Mira la lista de precios para ver si la ropa tiene los precios correctos en las etiquetas. Marca con un [✓] las etiquetas con el precio correcto. Tacha los precios incorrectos y escribe el precio correcto. (AT3/2)*

Reading. Pupils compare the figures in words and figures, and correct the prices that are wrong.

Answers: ~~6.542~~ 6.545; ~~5.983~~ 2.938; ~~759~~ 559; ~~367~~ 1.367

[C] **Cuaderno page 53**

1 *Lee la conversación. Empareja los precios con la ropa. (AT3/3)*

Reading. Pupils write the prices in numerals on the price tags.

Answers: camiseta 1.450; zapatillas deportivas 9.782; vaqueros 8.623; gorro 4.309; camisa 5.999

2 *Utiliza una calculadora. Sigue el ejemplo para todas las sumas. Escribe el número que sale en cada caso. (AT3/2)*

Reading. Pupils use a calculator to do the subtractions.

Answers: **a** 2.547 **b** 1.944 **c** 5.076 **d** 5.634. With all of these the sum of the 4 digits is 18 and therefore the final answer is 9.

DE FIESTA

6 En la verbena (Pupil's Book pages 102–103)

Main topics and objectives
- Asking if someone would like to do something

Other aims
- Asking and giving personal information (revison of language from earlier units)

Structures
¿Quieres bailar?

Vocabulary
el cantante (preferido)
la música
simpático/a
la verbena

Resources
Cassette C Side B
Cuaderno page 54
Hoja de trabajo 91

Tape recorder/Camcorder

---

1 *Escucha la cinta y escribe las letras de las preguntas que oyes. (AT1/4)*

Listening. Pupils listen to young people at an all-night street party. One of the girls asks a boy to dance. He refuses and she tries to find out more about him. Pupils write down the letters of the questions asked.

Escribid las letras de las preguntas que oís.

Answers: a, b, c, j, n

- ¿Te gusta la música?
- Sí, me gusta mucho. Pero mi cantante preferido es Bryan Adams.
- ¡Mira qué chico más simpático!
- Invítale a bailar.
- ¿Quieres bailar?
- No gracias, me duele la pierna.
- ¿Qué deporte practicas?
- El fútbol. Por eso me duele la pierna.
- Bueno, no importa. ¿Cómo te llamas?
- ¿De dónde eres?
- Me llamo Alejandro y soy de Valencia.

2 *Escucha la cinta otra vez y decide si son ciertas o falsas las frases. Corrige las frases falsas. (AT1/4)*

Listening. Pupils listen to the tape again and write down *cierta* o *falsa* for **a–g**. They write out the correct information for those that are false.

Escribid 'cierta' o 'falsa' para las frases de 'a' a 'g'. Para las que son falsas, escribid la información correcta.

Answers: **a** cierta **b** falsa. Es de Valencia. **c** falsa. Practica el fútbol. **d** cierta

3 *Trabaja con tu pareja. Elige ocho preguntas de la lista. Pregunta y contéstalas. (AT2/3–4)*

Speaking. Pupils choose eight questions from the list in Activity 1 and take turns to put them to their partner. Pupils can invent an excuse for not wanting to dance, e.g. *Soy tímido/a, No me gusta bailar, Me duele la pierna, Me duelen los pies, No me gusta la música.*

Elegid ocho preguntas. Hacedlas a vuestra pareja. Vuestra pareja puede dar una excusa. Por ejemplo: Me duele la pierna, No me gusta la música.

Tape recorder/Camcorder
Pupils can record their short conversations on tape or video the conversations.

4 *Mira las respuestas y luego escribe la pregunta apropiada para cada una. (AT4/3)*

Writing. Pupils look at the words on page 103; they write out the corresponding questions.

Answers:
¿Dónde vives?
¿Cuántos años tienes?
¿Qué tipo de música prefieres?/¿Te gusta la música?
¿Qué deporte practicas?

¿Tienes hermanos?
¿Cuál es tu asignatura preferida?

5 *Un test: ¿Eres una persona sociable? ¿Caes bien a la gente? (AT4/2–3, AT2/3)*

Writing/Reading. Pupils fill in the gaps in **a–d** with the words they consider to be appropriate to their partner. Then they say the sentences to their partner. How does their partner react?

Completad las frases y decidlas a vuestra pareja. ¿Cómo reacciona vuestra pareja?

H **Hoja de trabajo 91**

1 *Lee los datos biográficos sobre el actor Edward Furlong. Luego completa las respuestas en la entrevista. (AT3/3–4)*

Reading/Writing. Pupils use the biographical information to answer the questions.

2 *Lee los datos biográficos sobre la actriz Winona Ryder y escribe una entrevista con ella. (AT4/4–5)*

Writing. Pupils write a similar interview to the one in Activity 1.

C **Cuaderno page 54**

1 *Contesta las preguntas. (AT3/2, AT4/3)*

Reading/Writing. Pupils give their own answers to the 14 questions.

7 ¡Muévete! *(Pupil's Book pages 104–105)*

Main topics and objectives
- Giving and understanding instructions

Other aims
- Revision of parts of the body
- Learning to dance the tango

Structures
Imperatives:
Cruza el pie
Empieza con ...
Levanta el brazo
Mueve el pie
Pon el pie

Vocabulary
derecho/a
izquierdo/a
juntos/as
otro/a

atrás
delante de
por delante
al lado de
enfrente de

Resources
Cassette C Side B
Cuaderno page 55
Hojas de trabajo 92
93

Background information: the tango

The tango arrived in the coastal towns of Argentina from Africa with the slave trade. It was very explicit and passionate and was danced by the poorer classes. The tango tells a story of hardship and struggle. Street fights, brawling and whoring were all part of it! Later on the middle classes adopted it, toned down a great deal to make it socially acceptable.

1a *Escucha la cinta. (AT1/4)*

Listening. Pupils listen to the tape. A girl is teaching a boy to dance the tango.

DE FIESTA

– ¿Bailamos el tango?
– No sé cómo.
– Te enseño el paso básico, ven.
  Levanta el brazo. Empieza con los pies juntos.
  Mueve el pie derecho atrás.
  Mueve el pie izquierdo a la izquierda del otro pie.
  Cruza el pie derecho por delante.
  Pasa el pie izquierdo delante del derecho... eso es.
  Mueve el pie derecho al lado del pie izquierdo.
  Pon el pie izquierdo enfrente del pie derecho...
  y cruza el pie derecho a la derecha.
  Pon el pie izquierdo al lado del pie derecho...
  ¡Muy bien! Y empieza otra vez.

Socorro

This gives the vocabulary for the unit.

1b *Lee las instrucciones a tu pareja y ¡aprende a bailar el tango! (AT3/4)*

[H] Reading. Pupils read the tango instructions in pairs and try to learn to dance the tango. The pictures on **Hoja de trabajo 92** will help them **(AT3/3)**.

Gramática

This sets out the imperative forms, showing the different forms used to speak to somebody you know well and somebody you don't know well.

2 *Juega el giro con tus amigos. Una persona a la vez elige las instrucciones. (AT2/2–3)*

Pupils look at the people playing 'Twister' on page 105 and then have a go at playing the game, using phrases from the grid.

***Mirad el juego en la página 105.
¡Ahora os toca jugar!***

Ask pupils to write their own instructions for their own dance. The more adventurous could put it to music and perform it in front of the class.

[H] **Hoja de trabajo 93**

1 *Juega con tu pareja o con un grupo de amigos. Una persona diferente cada vez elige las instrucciones.*

Speaking. In pairs or groups, pupils play 'Twister' using the instruction cards as prompts.

[C] **Cuaderno page 55**

1 *¿Qué dicen estas personas? (AT3/2, AT4/2)*

Reading/Writing. Pupils match the sentences to the pictures.

Answers: **1** Levanta los pies. **2** Cierra la puerta. **3** Abre tu libro. **4** Ven de compras. **5** Cruza el puente. **6** Mueve tu coche. **7** Ponte los vaqueros. **8** Levántate.

7 España de fiesta *(Pupil's Book pages 106–107)*

Main topics and objectives
- Learning about Spanish festivals

Other aims
- Learning about the map of Spain
- Using the verbs *ser* and *estar*
- Revision of months

Structures
Estoy de vacaciones
Estamos de fiesta
La feria es fenomenal
Los vestidos son fabulosos

Vocabulary
la corrida de toros
la fiesta
el regalo

Resources
Cassette C Side B
Cuaderno page 56

---

1 *Escucha la cinta y lee. (AT1/5, AT3/5)*

Listening/Reading. Pupils listen to the recording about Spanish festivals and follow the text on page 106.

🔊 España de fiesta
- España celebra una fiesta cada veinte minutos.
- En España hay muchas fiestas, posiblemente más de 25.000 durante el año. Tienen sus orígenes en la religión, la historia, la agricultura y la pesca. Casi todas las fiestas incluyen música, baile, trajes típicos o especiales, comida y mucha alegría. Aquí hablamos de algunas de las fiestas más importantes.
- Día de Reyes. En España es una tradición dar regalos el Día de Reyes, que es el 6 de enero. Los niños creen que los Reyes Magos traen los regalos.
- Carnaval. Carnaval se celebra en febrero o marzo. Hay fiestas en todas partes de España pero las de Cádiz y las Islas Canarias son espectaculares.
- Semana Santa. La semana antes de Pascua se llama 'Semana Santa'. Es una fiesta religiosa y se celebra por toda España.
- La Feria de Abril. La Feria de Abril es en Sevilla. Hay flamenco, corridas de toros, caballos, señoritas con vestidos de colores fabulosos y hombres con trajes negros tradicionales.
- La Romería del Rocío. En junio mucha gente va a pie o a caballo desde Cádiz, Sevilla y Huelva hasta el santuario de la Virgen del Rocío.
- San Fermín. El 7 de julio empieza una semana de fiestas en Pamplona. Los toros y los jóvenes corren por las calles de la ciudad. Es peligroso porque los toros son bravos y fuertes.

Socorro

This lists vocabulary from the text.

2 *Lee las tarjetas. ¿En qué parte de España están las personas que escriben las tarjetas? (AT3/4)*

Reading. Pupils look at the postcards on page 107. They work out which part of Spain the postcards have been sent from by the festival mentioned.

Answers: Juan: Pamplona; Alicia: Sevilla

3 *Imagina que vas a una fiesta en España. Escribe una tarjeta a tus padres o a tus amigos. (AT4/3–4)*

Writing. Pupils write a postcard to their family or friends, describing a festival they have been to in Spain.

Imaginad que habéis ido a una fiesta en España. Escribid una tarjeta a vuestros padres o a vuestros amigos.

DE FIESTA

> *Gramática*
>
> There are two verbs meaning 'to be' in Spanish. **Estar** is for describing position and temporary conditions. **Ser** is for describing permanent, unchanging things.

- Ask pupils to work out what the origins of each festival are, i.e. religious, historical or agricultural. See if they can think of festivals from their own culture which have similar origins or traditions to those in Spain.

  Have pupils list all the Spanish words they can think of that relate to festivals and make a collage of words and photos on this theme for display.

4 *Escucha la canción popular de las fiestas de San Fermín (AT1/3, AT3/3)*

Listening/Reading. Pupils listen to the song and follow it in their books on page 107. Play it a second time and encourage pupils to sing along.

Uno de enero,
dos de febrero,
tres de marzo,
cuatro de abril,
cinco de mayo,
seis de junio,
siete de julio,
San Fermín.
A Pamplona hemos de ir,
con una bota, con una bota.
A Pamplona hemos de ir,
con una bota y un calcetín.

C **Cuaderno page 56**

1 *Mira las fechas de las fiestas y lee las tarjetas. ¿En qué parte de España están las personas que escriben las tarjetas? (AT3/3)*

Reading. Pupils look at the festival dates and at the postcards. Where are the postcards written from?

Answers: **a** Alicia: Sevilla **b** Juan: Pamplona **c** Carlos: Huelva

2 *Completa la tarjeta. (AT3/3)*

Reading. Pupils fill in the gaps to complete the postcard.

Answers: España; fiesta; toros; vestido; flamenco

Resumen *(Pupil's Book page 108)*

This is a summary of the language in Tema 6.

Resources

Cuaderno pages 57 & 58
Hojas de trabajo 94 (Tema 6 Gramática 1)
95 (Tema 6 Gramática 2)
96 (Tema 6 Gramática 3)

H Hoja de trabajo 94

1 *Imagina que arreglas esta habitación desordenada. Escribe dos listas. En una lista escribe la ropa que te gusta. En la otra lista escribe la ropa que no te gusta.*

Me gusta/Me gustan. Pupils sort the clothes in the picture into two lists.

2 *¿Llevas uniforme en tu instituto? ¿Te gusta o no te gusta? Imagina que diseñas tu uniforme ideal. Escribe una lista de tu ropa preferida.*

Clothes and adjectives. Using the words in the grid, pupils describe their ideal school uniform.

H Hoja de trabajo 95

1 *Mira los dibujos. Descifra los anagramas y escribe la palabra apropiada para completar las frases.*

Clothes and adjectives. Pupils sort out the anagrams of clothing items and complete the descriptions to match the pictures.

Answers:
Los vaqueros me están grandes.
La falda me está corta.
El jersey me está pequeño.
El vestido me está largo.
Los pantalones me están cortos.
Las zapatillas me están grandes.

2 *Completa estas frases con las palabras apropiadas.*

Possessive adjectives. Pupils complete the sentences with the correct forms.

Answers: (clockwise from top left) mis; tus; Mi; Su

H Hoja de trabajo 96

1 *Escribe la forma correcta del verbo ser para completar las siguientes preguntas.*

Present tense of *ser*. Pupils complete the questions with the correct form.

Answers: **1** eres/sois **2** es **3** es **4** son **5** es **6** eres/sois

2 *Ahora contesta las preguntas del ejercicio 1.*

Present tense of *ser*. Pupils write their own answers to the above questions.

3 *Escribe la forma correcta del verbo* **estar** *en las siguientes frases.*

Present tense of *estar*. Pupils complete the sentences.

Answers: **1** estás **2** Estoy **3** están **4** está **5** están **6** están

C Cuaderno pages 57 & 58

Contesta las preguntas. (AT4/3)

Writing. Pupils answer questions 1–19. Then they can fill in the Diploma and get it signed by the teacher, to show that they have successfully completed *¡Arriba! 1*.

DE FIESTA

1 Prepárate *(Pupil's Book page 109)*

> **Resources**
> Cassette C Side B

A Escucha

1 *Escucha la cinta y elige la ropa apropiada para cada persona. (AT2/3)*

Pupils match the pictures to the speakers.

Answers: **1**b **2**e **3**f **4**c **5**d **6**a

1 – Me gusta esta falda corta.
2 – Me gustan estos vaqueros. Me están bien, ¿verdad?
3 – Prefiero el jersey.
4 – Me encanta esta falda larga. Es muy elegante.
5 – Esta chaqueta me gusta mucho.
6 – Prefiero los zapatos negros.

B Habla

1 *Trabaja con tu pareja. Pregunta y contesta. (AT2/3)*

Pupils ask each other the questions and answer them.

2 *Trabaja con tu pareja. ¿Cuánto cuesta la ropa en los dibujos? Pregunta y contesta por turnos. (AT2/2)*

Pupils take turns to ask each other how much the clothes in the drawings are and to answer.

C Lee

1 *Empareja las preguntas con las respuestas correctas. (AT3/2)*

Pupils match the questions to their answers.

Answers: **1**b **2**e **3**d **4**c **5**a

2 *Elige la instrucción correcta para cada dibujo. (AT3/2)*

Pupils match the instructions to the drawings.

Answers: **a** Mueve el pie derecho.
 b Cruza los brazos.
 c Levanta la mano enfrente.

D Escribe

1 *Escribe tres frases sobre tu ropa preferida. Aquí hay unos ejemplos para ayudarte. (AT4/3–4)*

Pupils write three sentences about their favourite clothes, using the examples to help them.

Prueba Tema 6

A Escucha

1 *Escucha la cinta y pon los dibujos en el orden correcto. (AT1/1)*

Pupils listen to the tape and number the drawings in the correct order.

Answers: **a**10 **b**9 **c**2 **d**6 **e**1 **f**4 **g**5 **h**3 **i**8 **j**7

1 – Los zapatos grandes
2 – Los vaqueros blancos
3 – Las zapatillas deportivas
4 – El jersey grande
5 – Los pantalones cortos
6 – El vestido largo
7 – Las botas largas
8 – El jersey pequeño
9 – La falda corta
10 – Los vaqueros negros

Total: 10 marks

2 *Escucha la cinta y marca la ropa que se ponen estos jóvenes los fines de semana. (AT1/3)*

Pupils tick on the grid the clothes that the four speakers wear at the weekend.

Answers:
Mary Ví: botas, camiseta, jersey, vaqueros
Andrés: camisa, chaqueta, pantalones, vaqueros, zapatillas deportivas
Blanca: falda, jersey, pantalones, vestido, zapatos
Eduardo: camiseta, chaleco, pantalones cortos, vaqueros, zapatillas deportivas

Total: 19 marks

– Mari Ví, ¿qué te pones los fines de semana?
– Los fines de semana me pongo unos vaqueros, un jersey o una camiseta y mis botas.
– ¿Y tú, Andrés? ¿Qué te pones los fines de semana?
– Me pongo unos vaqueros, una camisa, mi chaqueta de cuero y mis zapatillas deportivas. Si voy a algún sitio especial, me pongo unos pantalones buenos.
– Blanca, ¿qué te pones tú los fines de semana?
– Depende, si voy a una fiesta me pongo mi vestido largo de colorines y mis zapatos negros. Pero generalmente me pongo una falda o unos pantalones y un jersey.
– Y tú, Eduardo, ¿qué te pones los fines de semana?
– Practico mucho deporte los fines de semana. Me pongo pantalones cortos, una camiseta y mis zapatillas deportivas. Pero para salir con los amigos me pongo vaqueros y un chaleco.

B Habla

1 *Describe los artículos y la ropa de los dibujos de la sección A. (AT2/2)*

Pupils describe the clothes pictured in Section A.

1 mark for naming each item of clothing and one mark for appropriate adjective to describe each item.

Total: 20 marks

2 *Tu pareja se compra ropa para ir a una fiesta. Haz el papel de un dependiente. (AT2/3–4)*

With a partner, pupils take turns to be a shop assistant and a customer buying clothes to go to a party.

1 mark for each question asked and 1 mark for each appropriate answer.

Total: 12 marks

C Lee

1 *Lee las frases y elige la frase apropiada para cada dibujo. (AT3/2)*

Pupils match the sentences to the drawings.

Answers: **1**b **2**a **3**a **4**b **5**a

Total: 5 marks

2 *Empareja las dos mitades de cada frase. (AT3/2)*

Pupils match up the sentence halves.

Answers:
1. Para ir al colegio me pongo pantalones negros y una chaqueta gris.
2. Me están bien las zapatillas deportivas.
3. La camiseta blanca cuesta 600 ptas.
4. Mi talla es la 32.
5. Mi número es el 48.

Total: 5 marks

D Escribe

1 *Escribe descripciones de los artículos de ropa en los dibujos de la sección A. (AT4/2–3)*

Pupils write descriptions of the items of clothing pictured in Section A.

1 mark for naming each item of clothing and one mark for appropriate adjective to describe each item.

Total: 20 marks

2 *Contesta estas preguntas. (AT4/3)*

Pupils answer questions a–c.

1 mark for starting answers correctly, e.g. *Para ir al colegio me pongo...*, plus one mark for each item of clothing mentioned, up to a maximum of 9 marks.

Total: 9 marks

Maximum marks for Test: 100 marks

Spanish in the classroom

Here are some phrases for teachers and pupils to use in the classroom.

Teacher language

Are you ready?	¿Estáis listos? / ¿Estás listo/a?
Ask your partner	Preguntad a vuestra pareja / Pregunta a tu pareja
Be quiet!	¡Callaos!/¡Cállate!/¡Silencio!
Check in the dictionary/glossary	Mirad/Mira en el diccionario
Choose	Elegid/Elige
Come here	Venid/Ven aquí
Could you speak a bit louder?	¿Podéis/Puedes hablar más alto?
Decide	Decidid/Decide
Do you need (help)?	¿Necesitáis/Necesitas (ayuda)?
Do you understand?	¿Comprendéis?/¿Comprendes?/¿Entendéis?/¿Entiendes?
Face the front	Mirad/Mira para delante
Get into groups (of three or four)	Formaos en grupos (de tres o cuatro)
Give out the exercise books/textbooks	Distribuid/Distribuye los cuadernos/los libros
Go and get...	Id/Ve por...
... the computer	... el ordenador
... the dictionary	... el diccionario
... the headphones	... los auriculares
... the tape	... el casete/la cinta
... the tape recorder	... el magnetofón
Here you are	Tomad/Toma
How do you say...?	¿Cómo se dice...?
How do you spell...?	¿Cómo se escribe...?
I can't hear	No oigo
I can't see	No veo
I don't know	No sé
I don't understand	No entiendo/comprendo
I'm going to take the register	Voy a pasar la lista
Is everybody here?	¿Están todos aquí?
Is it clear?	¿Está claro?
Is there a problem?	¿Hay algún problema?
It's your turn	Te toca a ti
Just a minute	Un momento
Listen again	Escuchad/Escucha otra vez
Look at the screen	Mirad/Mira la pantalla
Look it up in the dictionary	Buscadlo/Búscalo en el diccionario
OK?	¿Está bien?/¿Vale?/¿De acuerdo?
Pack up	Recoged/Recoge las cosas
Pardon?	¿Perdón?
Pay attention	Prestad/Presta atención
Sit down	Sentaos/Siéntate
Stand up	Levantaos/Levántate
Take a card	Tomad/Toma una tarjeta
Try again	Probad/Prueba otra vez
Wait!	¡Esperad!/¡Espera!
What does... mean?	¿Qué quiere decir...? / ¿Qué significa...?
What is the Spanish/English for...?	¿Cómo se dice... en español/inglés?
What's the matter?	¿Qué (os/te) pasa?
Work with a partner	Trabajad/Trabaja con una pareja
You may go	Os podéis/Te puedes ir

Pupil language

Absent	Ausente
Are you ready?	¿Estás listo/a?
Can I go to the toilet?	Necesito ir al servicio
Choose	Elija/Elige
Could you speak a bit louder?	¿Puede/Puedes hablar más alto?
How do you say...?	¿Cómo se dice...?
How do you spell...?	¿Cómo se escribe...?
I can't hear	No oigo
I can't see	No veo
I don't know	No sé
I don't understand	No entiendo/comprendo
I haven't got a...	No tengo un/una...
I need a new exercise book	Necesito un cuaderno nuevo
It's my turn	Me toca a mí
It's your turn	Le toca a usted / Te toca a ti
Pardon?	¿Perdón?
Present	Presente
Try again	Prueba otra vez
What is the Spanish for...?	¿Cómo se dice... en español?